서강한국어

THIRD EDITION

STUDENT'S BOOK

1A

머리말

1990년에 개원한 서강대학교 한국어교육원은 한국어 교육 최초로 의사소통 중심의 교육과정을 개발하였습니다. 2000년에 <서강한국어>를 출판하여 학생 중심의 말하기 수업을 선도하였고, 2008년부터 2015년까지 <서강한국어 뉴시리즈>로 개정하여 많은 사랑을 받아 왔습니다.

<서강한국어 개정 3판>은 서강대학교 한국어교육원 선생님들이 오랜 기간 수업 현장에서 쌓은 노하우를 바탕으로 언어와 문화를 효율적으로 배우고 익힐 수 있도록 설계하였습니다. 변화하는 시대에 맞춰 최신 경향을 반영하였으며, 서강을 아껴 주시는 여러 분들의 조언을 받아들여 교수자와 학습자 모두의 편의성을 강화하였습니다.

<서강한국어 개정 3판>은 1급의 정규 과정이 200시간으로 구성되어 있는 점을 고려하여 말하기 100시간, 읽고 말하기 25시간, 듣고 말하기 25시간, 쓰기 50시간으로 편성하였습니다.

<서강한국어 개정 3판>에서는 기존의 <서강한국어 Student's Book 1A·1B>와 <서강한국어 Workbook 1A·1B>를 개정하면서 <서강한국어 한글>과 <서강한국어 Writing Book 1A·1B>를 새로 출간하였습니다. <서강한국어>를 사용하시는 선생님들께서 쓰기 책 출판을 지속적으로 요청하셔서 오랫동안 서강대학교 한국어교육원에서 내부 교재로 사용하던 쓰기 교재를 정리하고 추가 집필하였습니다.

<서강한국어 Student's Book>의 모든 내용은 그림을 보면 직관적으로 맥락을 파악할 수 있도록 하였습니다. 아울러 어휘와 문법 학습은 대화와 활동을 통해 유창성과 정확성을 키울 수 있게 하였습니다.

QR코드를 스캔하면 대화문 녹음 파일이 연결되도록 하였고 다양하고 재미있는 서강 고유의 대화 활동을 부록에 실었습니다. 단어와 표현은 주어진 맥락에서의 의미를 번역하여 별책 <문법·단어 참고서>에 담았습니다.

문화 영역은 사진이나 삽화만으로도 이해할 수 있게 구성하였으며, 한글 학습과 한국 문화 관련 쇼츠 동영상을 QR코드로 유튜브에 연결하여 한국 실생활의 이해를 돕습니다.

<서강한국어 개정 3판>이 한국 문화에 관심을 가지고 한국어 공부에 도전하는 한국어 학습자와 효율적인 수업을 준비하는 교수자에게 유용한 교재가 되기를 바랍니다.

이 책이 나오기까지 많은 분들의 노고가 있었습니다. 먼저 이번 시리즈의 출판에 지원과 격려를 해주신 곽상흔 교수부장님께 깊이 감사드립니다. 1급 교재의 연구 개발을 총괄한 이석란 선생님을 비롯하여 집필진이신 최연재, 구은미, 윤자경 선생님, 연구 보조를 해주신 홍고은, 이진주 선생님께 진심으로 감사의 말씀을 드립니다. 또 내부 감수를 수행해주신 김정아, 엄혜진 선생님과 교정·교열을 맡아주신 최선영 선생님께 감사드립니다. 또한 외부 자문을 맡아주신 전남대학교 국어국문학과 백승주 교수님, 네덜란드 Leiden대학교 한국학과 남애리 교수님께 감사를 전합니다. 그리고 영어 번역을 맡아주신 David Carruth 선생님과 영어 자문을 맡아주신 미국 Middlebury대학교의 강사희 교수님께 감사드립니다. 또 이 책을 위해 소중한 의견을 주신 서강대학교 한국어교육원의 모든 구성원들에게 감사드립니다. 또한, 아낌없이 지원해주신 하우출판사 박민우 사장님, 완성도 있는 책을 만들기 위해 열의를 다해주신 박우진 편집주간님, 김정아 팀장님을 비롯한 하우출판사 직원분들과 삽화가님들께도 감사를 표합니다.

더불어 국내외에서 <서강한국어>를 사용하면서 새 개정판 교재에 대한 의견들을 보내주셨던 한국어 선생님들과 서강대학교 한국어교육원 학생들께도 감사드립니다.

서강교수법의 밑거름이 된 <서강한국어> 초판과 뉴시리즈를 기획, 총괄하신
고(故) 김성희 선생님께 이 책을 바칩니다.

2024년 8월
서강대학교 한국어교육원 원장
조형식

Introduction

Established in 1990, the Sogang University Korean Language Education Center (KLEC) developed the first communication-oriented curriculum in the field of Korean language education. The KLEC pioneered student-oriented speaking classes with the publication of the first edition of the Sogang Korean series of textbooks in 2000 and garnered even more attention with the second edition (known as the new series), which was published between 2008 and 2015.

This revised third edition of Sogang Korean is designed so that students can efficiently learn Korean language and culture through the expertise KLEC teachers have acquired through years in the classroom. It reflects the latest pedagogical techniques tailored to a changing world and incorporates advice from devoted supporters of Sogang, making the textbooks more convenient both for teachers and learners.

The regular level-one curriculum of Sogang Korean in its revised third edition is supposed to cover 200 hours, which includes 100 hours for speaking, 25 hours for reading and speaking, 25 hours for listening and speaking, and 50 hours for writing.

The third edition of Sogang Korean includes not only revised versions of *Sogang Korean Student's Book 1A & 1B* and *Sogang Korean Workbook 1A & 1B* but also a new text called *Sogang Korean Writing Book 1A & 1B*. Teachers using Sogang Korean have continued to request a writing textbook, so we collected and augmented unpublished materials previously used by KLEC teachers for this book.

All the information in the Student's Book is presented so that learners can understand the context intuitively through the provided illustrations. In addition, the vocabulary and grammar sections are designed to promote fluency and accuracy through dialogues and activities.

Recordings of the dialogues can be played by scanning the QR code, and a variety of Sogang's signature dialogue activities are included in the appendix. Contextual translations of words and expressions are provided in a separate grammar and vocabulary handbook.

Cultural content is presented so that it can be understood through photographs and illustrations alone, and YouTube shorts related to learning Hangeul and Korean culture are made available via QR code to aid learners' understanding of life in Korea.

I hope that the revised third edition of Sogang Korean will be useful both for cultural engaged students tackling the Korean language and teachers seeking a more efficient way to prepare their classes.

This book was made possible through the tireless efforts of many individuals. First of all, I would like to thank Kwak Sang-heun, our head teacher, for her tireless support and encouragement for this series. I want to express my sincere gratitude to Lee Seok-ran, the senior researcher for our level-one learning material, and our writers Choe Yeon-jae, Koo Eun-mi, and Yun Ja-Kyung. Words of appreciation are also due to research assistants Hong Go-eun and Lee Jin-ju, internal editors Kim Jeong-a and Eom Hye-jin, proofreader Choi Sunyoung, outside counsels Baek Seung-joo (professor of Korean language and literature at Chonnam National University) and Ae Ree Nam (lecturer in Korean studies at Leiden University), Korean-English translator David Carruth, and English proofreader Sahie Kang (professor at Middlebury College). I am also thankful to everyone at the KLEC who offered their invaluable thoughts about the project. I cannot forget to thank our illustrators and all the staff at Hawoo Publishing, including team leader Kim Jeong-a, as well as editor-in-chief Park Woo-jin for dedicating himself to making such a polished product and president Park Min-woo for his unflagging support.

Last but not least, I want to thank all the Korean language teachers and Sogang students who shared your thoughts on the revised second edition (known as the new series) of Sogang Korean.

This book is dedicated to the memory of the late Kim Song-hee, who helped plan and supervise the first and second editions of the Sogang Korean series, laying the foundation for Sogang's unique pedagogical approach.

August 2024
Cho Hyeong-sik, director
Sogang University Korean Language Education Center

내용 구성표

과	제목	기능	말하기		
			문법	어휘	대화
준비 1	반갑습니다	인사하기 자기소개하기	명이에요/예요	국적 직업	어느 나라 사람이에요? 무슨 일을 하세요?
준비 2	한국어 책이에요	물건 이름 묻고 답하기	이게/저게	사물	이게 뭐예요? 누구 거예요?
준비 3	핸드폰 있어요?	정보 요청하기	명 있어요/없어요	숫자①	전화번호가 몇 번이에요? 생일이 며칠이에요?
준비 4	커피 주세요	주문하기	명 주세요	숫자②	비빔밥 두 개 주세요 3,000원이에요
1	앤디 씨가 식당에 있어요	장소와 위치 말하기	명이/가 명에 있어요 명 명에 있어요	장소 위치	앤디 씨가 여기에 있어요? 혹시 제 책이 교실에 있어요? 이 근처에 ATM이 있어요?
2	여섯 시에 일어나요	일과 묻고 답하기	명에 명에 가요 동-아/어요①	시각 행동①	어디에 가요? 오늘 오후에 공부해요? 몇 시에 운동해요?
3	카페에서 친구를 만나요	일상생활 말하기	명을/를 동-아/어요② 명에서	요일 행동②	오늘 일본어를 가르쳐요? 어디에서 한국 요리를 배워요? 금요일에 뭐 해요?
4	어제 핸드폰을 샀어요	과거 말하기	동-았/었어요 안 동 형 명도	과거 시간 집안일	언제 샀어요? 왜 안 갔어요? 요리했어요. 그리고 청소도 했어요
5	지하철 2호선을 타세요	설명하기	동-고 싶어요 명(으)로① 동-(으)세요①	교통수단	명동에 어떻게 가요? 지하철 2호선을 타세요 KTX로 가세요
6	내일 등산하러 갈 거예요	계획 말하기	동-(으)러 가요 명(이)나 동-(으)ㄹ 거예요	미래 시간	산책하러 가요? 북한산이나 관악산에 갈 거예요 휴가 때 뭐 할 거예요?

과제	읽고 말하기	듣고 말하기	문화
소개하세요	이분이 누구예요?		
물건 이름을 말해 보세요	우산이에요		1. 유용한 정보 • 공휴일 • 전화번호 • 웹사이트 • 앱
전화번호와 생일을 물어보세요	몇 번이에요?		
주문해 보세요	모두 얼마예요?		
쇼핑몰 그림을 완성하세요	집이 광화문에 있어요	스터디 카페가 어디에 있어요?	2. 서울
오늘 스케줄에 대해 이야기하세요	서울은 오전 여덟 시예요	내일 저녁 여섯 시에 시간이 있어요?	
장소를 맞혀 보세요	체육관에서 태권도를 배워요	같이 영화관에 가요	3. 한국의 관광지
과거에 있었던 일을 이야기하세요	파티가 밤 열한 시에 끝났어요	수잔 씨 집에서 뭐 했어요?	
서울의 유명 관광지에 대해 물어보세요	지하철로 학교에 가요	273번 버스를 타세요	4. 대중교통
버킷 리스트를 말해 보세요	한국어를 배우러 한국에 왔어요	유럽에 여행 갈 거예요	

말하고 쓰기	
과제1	과제2
자기소개 쓰기	
물건 이름 쓰기	
친구 생일 쓰기	
물건 가격 쓰기	
장소와 위치 쓰기	장소 소개하는 글 쓰기
시간과 행동 쓰기	하루 스케줄 쓰기
일주일 스케줄 쓰기	주말 이야기 쓰기
과거 쓰기	지난 주말 이야기 쓰기
교통수단 쓰기	가고 싶은 여행지 쓰기
미래 쓰기	이번 주말 계획 쓰기

Table of Contents

TASK	READING & SPEAKING	LISTENING & SPEAKING	CULTURE CORNER	SPEAKING & WRITING	
				TASK1	TASK2
Introduce yourself	Who is this?			Write a personal statement	
Say what things are called	It's an umbrella		1. Useful Information • Public Holidays • Government Hotlines • Website • Mobile Apps	Write what things are called	
Ask someone about their phone number and birthday	What number is it?			Write a classmate's birthday	
Ask questions	How much is that altogether?			Write how much things cost	
Fill in a picture of a shopping mall	My house is in Gwanghwamun	Where is the study cafe?	2. Seoul	Write places and locations	Write a description of a place
Talk about the day's schedule	It's 8:00 AM in Seoul	Are you free tomorrow at 6:00 PM?		Write times and activities	Write your daily schedule
Guess the place	I learn taekwondo at the gym	Let's go to the movie theater	3. Korean Travel Destinations	Write your weekly schedule	Write about the weekend
Talk about what happened in the past	The party ended at 11:00 PM	What did you do at Susan's house?		Write about the past	Write about last weekend
Ask about famous tourist destinations in Seoul	I take the subway to school	Take Bus 273	4. Public Transportation	Write means of transport	Write a description of a tourist destination you want to visit
Talk about your bucket list	I came to Korea to learn Korean	I'm going to take a trip to Europe		Write about the future	Write about your plans for this weekend

How to Use This Book

교사용 일러두기

Sogang Korean Student's Book 1A & 1B (Third Edition) is organized as follows.

- Sogang Korean Student's Book 1A & 1B contains speaking, reading, and listening components.
- Sogang Korean Workbook 1A & 1B supplements the Student's Book with activities and review exercises.
- Sogang Korean Writing Book 1A & 1B focuses on writing, with speaking activities that lead into the writing exercises.
- Sogang Korean Hangeul covers Hangeul, the Korean writing system.
- Sogang Korean Grammar and Vocabulary Handbook 1A & 1B includes explanations of grammar, translations of vocabulary and expressions, and an index. (This textbook series is published in English, Chinese, Japanese, and Thai.)

This textbook series is organized around the following five-day schedule (assuming four hours of class each day, for a total of 200 hours per semester).

	Day 1	**Day 2**	**Day 3**	**Day 4**	**Day 5**
Period 1	**Unit 1** Speaking (Grammar·Vocabulary)	**Unit 1** Speaking (Dialogue 2·3)	**Unit 2** Speaking (Grammar·Vocabulary)	**Unit 2** Speaking (Dialogue 2·3)	
Period 2	**Unit 1** Speaking (Dialogue 1)	**Unit 1** Speaking (Learning Tasks)	**Unit 2** Speaking (Dialogue 1)	**Unit 2** Speaking (Learning Tasks)	Units 1-2: Review Workbook
Period 3	**Unit 1** Reading	**Unit 1** Listening	**Unit 2** Reading	**Unit 2** Listening	
Period 4	**Unit 1** Writing Book 1-①	**Unit 1** Writing Book 1-②	**Unit 2** Writing Book 2-①	**Unit 2** Writing Book 2-②	Units 1-2: Review Writing Book

Unit Intro

Class Goals

Titles and descriptions of the unit's speaking (grammar, dialogue, learning tasks), reading and speaking, and listening and speaking sections are provided here, along with the pages of related units in the separate writing book.

Vocabulary

The target vocabulary in the unit is presented in an easily understood fashion along with illustrations.

Grammar

Target grammar is arranged so that it can be practiced in three steps: form, sentences, and dialogue.

MP3 QR Code

Scan the QR code to access a recording of the dialogue.

Dialogue

In this step, learners practice speaking through sample dialogues that make use of the target grammar and vocabulary.

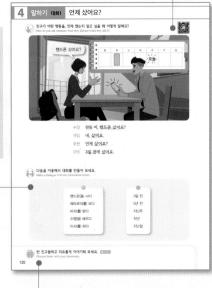

Dialogue Cues

These help learners make dialogues that are similar to the example. As they practice, learners can switch out the underlined phrases with words from the list of the same color.

Dialogue Activities

This stage allows learners to freely build on the dialogue they learned. (Details are in the appendix.)

Learning Tasks

At this stage, learners use the target vocabulary, grammar, and dialogue they have already covered in a learning task that encourages fluent language use. An info card is provided in the appendix or via a QR code depending on the unit.

Reading and Speaking

1) Reading Focus

The specific reading goal is presented here. This is what learners are supposed to understand in the reading.

Before Reading

1) Warm-up

Related questions are presented to kindle interest in the topic.

2) Presentation

This presents the key vocabulary and background knowledge needed for reading comprehension.

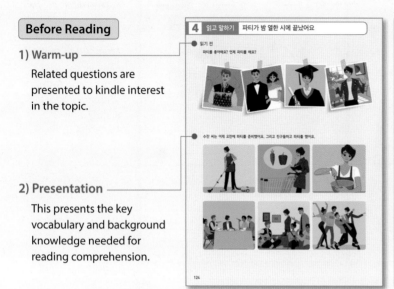

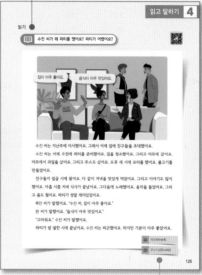

Pronunciation

Common pronunciation issues are listed here.

5) Reconstruct Reading

Learners practice reconstructing the reading, improving their ability to summarize aloud what they have read.

2) Intermediate Stage

This helps learners understand the reading.

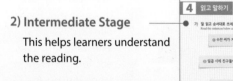

3) Check Comprehension

Learners check the details of the reading by asking each other questions about what they understood.

4) Complete Summary

Learners complete the summary of the reading in a final comprehension check.

After Reading

Learners do various activities related to the reading topic.

Listening and Speaking

Before Listening

1) Warm-up

Related questions are presented to kindle interest in the topic.

2) Presentation

This presents the key vocabulary and background knowledge needed for listening comprehension.

Listening

1) Listening Focus

The specific listening goal is presented here. This is what learners are supposed to understand in the recording.

MP3 QR Code

The QR code with a ▶ plays at normal speed, and the QR code with a ▶▶ plays at a faster speed.

After Listening

Learners do various activities related to the listening topic.

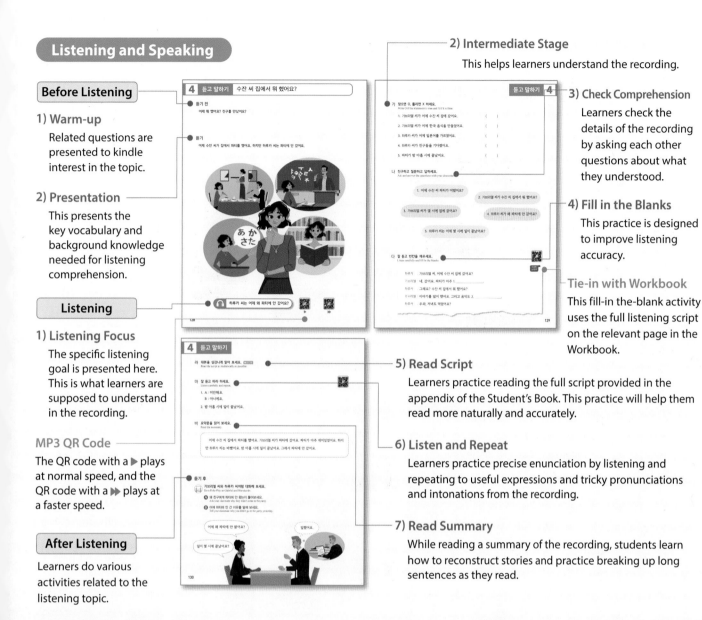

2) Intermediate Stage

This helps learners understand the recording.

3) Check Comprehension

Learners check the details of the recording by asking each other questions about what they understood.

4) Fill in the Blanks

This practice is designed to improve listening accuracy.

Tie-in with Workbook

This fill-in the-blank activity uses the full listening script on the relevant page in the Workbook.

5) Read Script

Learners practice reading the full script provided in the appendix of the Student's Book. This practice will help them read more naturally and accurately.

6) Listen and Repeat

Learners practice precise enunciation by listening and repeating to useful expressions and tricky pronunciations and intonations from the recording.

7) Read Summary

While reading a summary of the recording, students learn how to reconstruct stories and practice breaking up long sentences as they read.

Unit Wrap-up

This page contains a summary of the target grammar and vocabulary to help learners review.

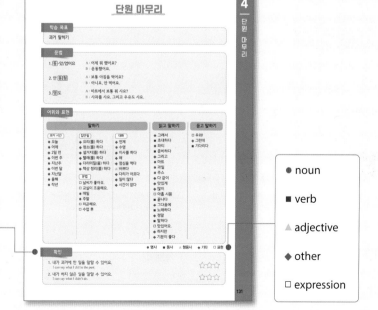

Check

After studying the unit, learners can assess whether they have achieved the learning goals.

- ● noun
- ■ verb
- ▲ adjective
- ◆ other
- □ expression

Culture Corner

These sections introduce both novel and routine aspects of Korean culture. A brief article about the culture in question is accompanied by various informative graphics.

Information Provided Via QR Code

Scan the QR code to access cultural information (including websites, photographs, and videos).

QR Code for Translation of Culture Articles

The Korean version of the culture article is also provided in English, Chinese, Japanese, and Thai.

Dialogue Activities in Appendix (for Teachers)

A variety of enjoyable dialogue activities currently in use at Sogang are featured in the appendix.

Activity Cards

Sample handouts for use with dialogue activities are provided with sample dialogues.

Icon Explanation

Pair activity	Small group activity	Whole class activity	Teacher's warm-up question

Role play activity	Game	Reading focus question	Listening focus question

 Dialogue, reading, and listening MP3 link

 YouTube video link

 Culture article translation link (English, Chinese, Japanese, and Thai)

 Culture information link (websites, photographs, activity materials)

 Info card link

Easily confused irregular word

Extra info

Pronunciation

See page in Student's Book

See page in Workbook

See page in Writing Book

목차 Contents

윤호 Yunho
한국 사람 Korean
회사원 Office worker

지훈 Jihun
한국 사람 Korean
대학생 University Student

한스 Hans
독일 사람 German
회사원 Office worker

투안 Tuan
베트남 사람 Vietnamese
학생 Student

완 Wan
태국 사람 Thai
학생 Student

사라 Sarah
프랑스 사람 French
학생 Student

미나 Mina
한국 사람 Korean
대학생 University Student

렌핑 Lenping
중국 사람 Chinese
학생 Student

15

1

준비

반갑습니다

인사하기 　자기소개하기

친구하고 말해 보세요.
Discuss with your classmates.

앤디예요. 미국 사람이에요.

앤디, 미국

미나, 한국

렌핑, 중국

완, 태국

하루카, 일본

한스, 독일

친구하고 묻고 대답해 보세요.
Ask and answer with your classmates.

이름이 뭐예요?

어느 나라 사람이에요?

앤디예요.

미국 사람이에요.

TIP

질문할 때는 문장의 끝을 올리고, 대답할 때는 끝을 내려서 말해요.
Questions end on a rising tone while answers end on a falling tone.

A : 이름이 뭐예요? ↗   A : 어느 나라 사람이에요? ↗

B : 앤디예요. ↘   B : 미국 사람이에요. ↘

18

 무슨 일을 하세요?

 학생이에요.

학생

선생님

회사원

의사

간호사

요리사

가수

배우

작가

패션 디자이너

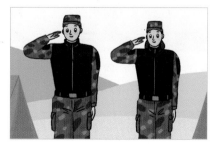

군인

경찰

어느 나라 사람이에요?

 처음 만난 사람의 이름과 국적을 알고 싶을 때 어떻게 말해요?
How do you ask the name and nationality of someone you have just met?

> 어느 나라 사람이에요?

[서강 BUDDY]

미나	안녕하세요? 미나예요.
	이름이 뭐예요?
앤디	앤디예요.
미나	앤디 씨, 어느 나라 사람이에요?
앤디	저는 미국 사람이에요.
미나	아, 그래요? 반갑습니다.

 다음을 이용해서 대화를 만들어 보세요.
Make a dialogue with the information below.

앤디	투안	완	사라	바야르
미국	베트남	태국	프랑스	몽골

 반 친구들하고 자유롭게 이야기해 보세요. ➡ p.194
Discuss freely with your classmates.

처음 만난 친구의 직업을 알고 싶을 때 어떻게 말해요?
How do you ask someone you have just met what their job is?

무슨 일을 하세요?

수잔 안녕하세요? 수잔이에요.

앤디 수잔 씨, 안녕하세요?

저는 앤디예요.

수잔 앤디 씨는 무슨 일을 하세요?

앤디 학생이에요.

 다음을 이용해서 대화를 만들어 보세요.
Make a dialogue with the information below.

앤디
학생

한스
회사원

하루카
일본어 선생님

바야르
가이드

가브리엘
프로그래머

 반 친구들하고 자유롭게 이야기해 보세요. ➡ p.194
Discuss freely with your classmates.

21

소개하세요

준비

자기소개를 할 거예요. 종이에 이름, 국적, 직업을 쓰세요.

안녕하세요?
저는 가브리엘이에요.
브라질 사람이에요.
프로그래머예요.

활동

1. 〈준비〉에서 쓴 종이를 들고 자기소개를 하세요.
   친구의 자기소개를 들으면서 메모하세요.

2. 반 친구들의 자기소개가 모두 끝나면 3~4명씩 그룹을 만드세요.
   옆에 있는 친구를 그룹 친구들에게 소개하세요.

가브리엘 씨예요.
브라질 사람이에요.
프로그래머예요.

이분이 누구예요?

정리

여러분이 만난 친구 중에서 제일 기억에 남는 사람을 소개하세요.

읽기 전

이분이 누구예요?

이름 : 미나
국적 : 한국
직업 : 학생

읽기

 앤디 씨는 어느 나라 사람이에요? 하루카 씨는 무슨 일을 하세요?

앤디

안녕하세요?
저는 앤디예요.
미국 사람이에요.
학생이에요.
저는 운동 좋아해요.
만나서 반갑습니다.

하루카

안녕하세요?
저는 하루카예요.
일본 사람이에요.
일본어 선생님이에요.
저는 드라마 좋아해요.
만나서 반갑습니다.

좋아요[조아해요]

반갑습니다[반갑씀니다]

가 **맞으면 O, 틀리면 X 하세요.**
Write O if the statement is true and X if it is false.

1. 앤디 씨는 미국 사람이에요. (　　)

2. 앤디 씨는 공부 좋아해요. (　　)

3. 하루카 씨는 가이드예요. (　　)

4. 하루카 씨는 드라마 좋아해요. (　　)

나 **친구하고 질문하고 답하세요.**
Ask and answer the questions with your classmates.

1. 앤디 씨는 어느 나라 사람이에요?

2. 앤디 씨는 뭐 좋아해요?

3. 하루카 씨는 무슨 일을 하세요?

4. 하루카 씨는 뭐 좋아해요?

읽기 후

인터넷에서 여러분이 좋아하는 사람의 사진을 찾으세요. 그리고 친구하고 이야기해 보세요.
Find photographs of celebrities you like on the Internet and tell your classmates about them.

이분이 누구예요?

어느 나라 사람이에요?

무슨 일을 하세요?

단원 마무리

학습 목표

인사하기, 자기소개하기

문법

명 이에요/예요

A : 이름이 뭐예요?
B : 수잔이에요.

어휘와 표현

말하기

국적	직업	대화
● 미국	● 학생	□ 안녕하세요?
● 한국	● 선생님	□ 이름이 뭐예요?
● 중국	● 회사원	□ A : 어느 나라 사람이에요?
● 태국	● 의사	B : 미국 사람이에요.
● 일본	● 간호사	□ 아, 그래요?
● 독일	● 요리사	□ 반갑습니다.
● 베트남	● 가수	□ 무슨 일을 하세요?
● 프랑스	● 배우	● 일본어 선생님
● 몽골	● 작가	● 가이드
● 브라질	● 패션 디자이너	● 프로그래머
	● 군인	□ A : 이분이 누구예요?
	● 경찰	B : 가브리엘 씨예요.

읽고 말하기

● 운동
□ 좋아해요.
□ 만나서 반갑습니다.
● 드라마
● 공부

● 명사　■ 동사　▲ 형용사　◆ 기타　□ 표현

확인

1. 자기 이름과 국적, 직업을 말할 수 있어요.
I can say my name, nationality, and job.

☆☆☆

2. 다른 사람에게 친구를 소개할 수 있어요.
I can introduce one of my friends to somebody else.

☆☆☆

준비

2

한국어 책이에요

물건 이름 묻고 답하기

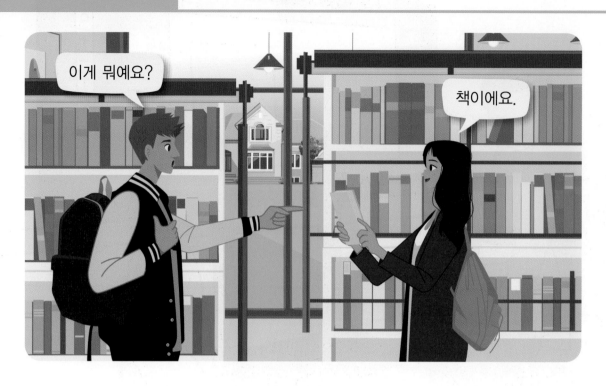

 친구하고 말해 보세요.
Discuss with your classmates.

책	공책	필통
연필	샤프	볼펜
지우개	수정 테이프	가위

 친구하고 말해 보세요.
Discuss with your classmates.

가방

우산

달력

책상

의자

시계

노트북

텔레비전

에어컨

교실에 있는 물건들의 이름을 알고 싶을 때 어떻게 말해요?
How do you ask the names of items in the classroom?

이게 뭐예요?

앤디	이게 뭐예요?
하루카	연필이에요.
앤디	그럼 저게 뭐예요?
하루카	시계예요.

 다음을 이용해서 대화를 만들어 보세요.
Make a dialogue with the information below.

연필   지우개

책   공책

시계   에어컨

의자   달력

 반 친구들하고 자유롭게 이야기해 보세요. ➡ p.195
Discuss freely with your classmates.

교실에 있는 물건이 누구 것인지 알고 싶을 때 어떻게 말해요?
How do you ask whom the items in the classroom belong to?

한스	우산 누구 거예요?
완	제 거예요.
한스	여기 있어요.
완	고마워요.
한스	아니에요.

 다음을 이용해서 대화를 만들어 보세요.
Make a dialogue with the information below.

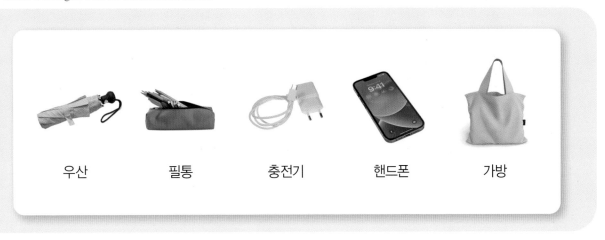

우산	필통	충전기	핸드폰	가방

 반 친구들하고 자유롭게 이야기해 보세요. ➡ p.195
Discuss freely with your classmates.

물건 이름을 말해 보세요

준비

선생님이 교실에 있는 물건들에 숫자 카드를 붙여 놓았어요.
선생님한테서 활동지를 받으세요.

활동지

1	2	3	4	5
6	7	8	9	10
11	12	13	14	15

활동

1. 숫자 카드가 붙어 있는 물건을 가리키며 친구와 말해 보세요.

2. 물건의 이름을 말한 다음에는 활동지에 있는 물건 번호를 찾아 체크하세요.

정리

1. 물건의 이름을 선생님과 확인하세요.

2. 새로 알게 된 단어를 써 보세요.

듣기 전

이게 뭐예요?

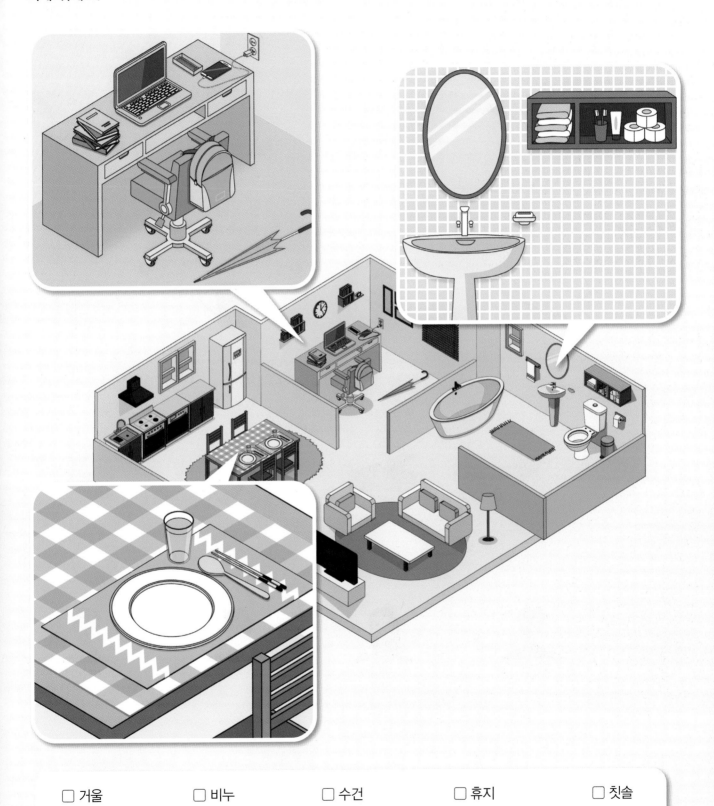

| ☐ 거울 | ☐ 비누 | ☐ 수건 | ☐ 휴지 | ☐ 칫솔 |
| ☐ 치약 | ☐ 접시 | ☐ 컵 | ☐ 숟가락 | ☐ 젓가락 |

듣기

가 잘 듣고 맞는 것에 ✔ 하세요.
Listen carefully and check the correct answer.

1. 이게 뭐예요?

2. 저게 뭐예요?

3. 이게 뭐예요?

4. 우산이 누구 거예요?

① 앤디 ② 미나 ③ 사라 ④ 가브리엘

듣기 후

 더 알고 싶은 물건의 이름이 있어요? 선생님에게 물어보세요.
Are there any other names of objects you want to know?

단원 마무리

학습 목표

물건 이름 묻고 답하기

문법

1. 이게　A : 이게 뭐예요?　　　　2. 저게　A : 저게 뭐예요?
　　　　B : 책이에요.　　　　　　　　　　　B : 가방이에요.

어휘와 표현

말하기

사물

- 책
- 공책
- 필통
- 연필
- 샤프
- 볼펜
- 지우개
- 수정 테이프
- 가위
- 가방
- 우산
- 달력
- 책상
- 의자
- 시계
- 노트북
- 텔레비전
- 에어컨

대화

- ◆ 그럼
- □ A : 누구 거예요?
　　　B : 제 거예요.
- □ 여기 있어요.
- □ A : 고마워요.
　　　B : 아니에요.
- 충전기
- 핸드폰

듣고 말하기

- 거울
- 비누
- 수건
- 휴지
- 칫솔
- 치약
- 접시
- 컵
- 숟가락
- 젓가락
- □ 이게 한국어로 뭐예요?
- □ 사라 씨 거예요.

● 명사　　■ 동사　　▲ 형용사　　◆ 기타　　□ 표현

확인

1. 교실에 있는 물건 이름을 말할 수 있어요.
   I can say the names of items in the classroom.　　☆☆☆

2. 누구의 물건인지 말할 수 있어요.
   I can say whom an item belongs to.　　☆☆☆

준비

3

핸드폰 있어요?

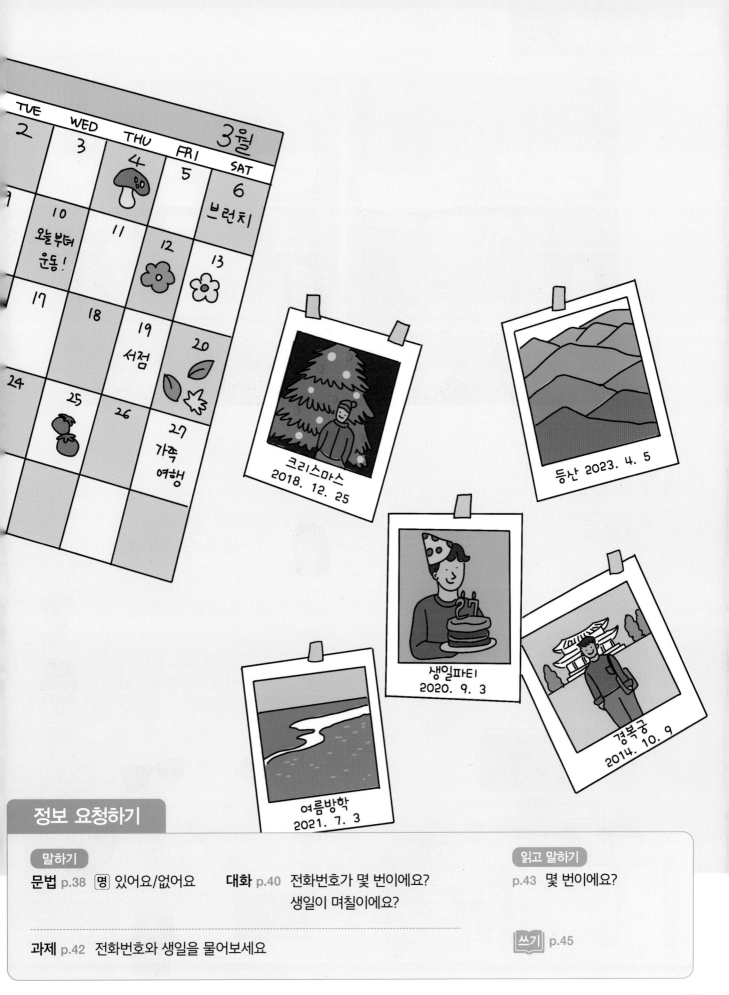

 친구하고 말해 보세요.
Discuss with your classmates.

책 있어요. / 안경 없어요.

O —

X —

① 책
② 안경
③ 컴퓨터
④ 시계
⑤ 핸드폰
⑥ 텔레비전

 친구하고 묻고 대답해 보세요.
Ask and answer the questions with your classmates.

 지금 핸드폰 있어요?

네, 핸드폰 있어요.

아니요, 핸드폰 없어요.

핸드폰

선글라스

충전기

우산

교통카드

여권

1	2	3	4	5
일	이	삼	사	오

6	7	8	9	0
육	칠	팔	구	공

10	20	30	40	50
십	이십	삼십	사십	오십

60	70	80	90	100
육십	칠십	팔십	구십	백

1 JANUARY	2 FEBRUARY	3 MARCH	4 APRIL
일월	이월	삼월	사월

5 MAY	6 JUNE	7 JULY	8 AUGUST
오월	☆ 유월	칠월	팔월

9 SEPTEMBER	10 OCTOBER	11 NOVEMBER	12 DECEMBER
구월	☆ 시월	십일월	십이월

1 JANUARY

일요일	월요일	화요일	수요일	목요일	금요일	토요일
	1	2	3	4	5	6
7	8	9	10	11	12	13
14	(15)	16	17	18	19	20
21	22	23	24	25	26	27
28	29	30	31			

1월 15일 - 일월 십오일

TIP
'0'을 '영'으로 읽기도 해요.
'0' is also read as '영'.

친구의 전화번호를 알고 싶을 때 어떻게 말해요?
How do you ask someone's phone number?

앤디	수잔 씨, 한국 전화번호 있어요?
수잔	네, 있어요.
앤디	전화번호가 몇 번이에요?
수잔	010-4948-1287이에요.
앤디	010-4948-1287, 맞아요?
수잔	네, 맞아요.

 다음을 이용해서 대화를 만들어 보세요.
Make a dialogue with the information below.

수잔	010-4948-1287
완	010-2717-3843
렌핑	010-9649-1504
사라	010-5920-7245

 반 친구들하고 자유롭게 이야기해 보세요. ➡ p.196
Discuss freely with your classmates.

친구의 생일을 알고 싶을 때 어떻게 말해요?
How do you ask someone's birthday?

앤디	완 씨, 렌핑 씨 생일 알아요?
완	네, 알아요.
앤디	렌핑 씨 생일이 며칠이에요?
완	7월 15일이에요.

 다음을 이용해서 대화를 만들어 보세요.
Make a dialogue with the information below.

렌핑
7월 15일

바야르
3월 28일

하루카
1월 20일

한스
12월 31일

 반 친구들하고 자유롭게 이야기해 보세요. ➡ p.196
Discuss freely with your classmates.

41

준비

친구들의 연락처와 생일을 알고 싶어요. 메모지를 준비하세요.

활동

1. 친구들을 만나서 전화번호와 생일을 물어보세요.

전화번호가 몇 번이에요?

생일이 며칠이에요?

2. 잘 듣고 메모하세요. 메모한 후에 정보가 맞는지 확인하세요.

010-1234-5678, 맞아요?

정리

이번 달에 생일인 친구가 있어요? 그 친구한테 생일 축하 노래를 불러 주세요.

생일 노래

읽기 전

다음을 읽어 보세요.

앤디

🎂 생일
5월 26일

📞 전화번호
010-9194-4518

읽기

가 다음 숫자를 읽어 보세요.
Read the following numbers.

1.

비밀번호 PIN code

| 이 | 오 | 팔 | 공 | 이에요. |

2.

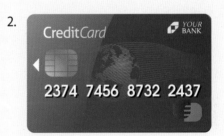

카드 번호 Credit card number

이에요.

3.

은행 계좌번호 Bank account number

이에요.

4.

버스 번호 Bus number

☐ 번이에요.

5.

버스 번호 Bus number

☐ ☐ - ☐ 번이에요.

6.

층 번호 Floor number

☐ 층이에요.

7.

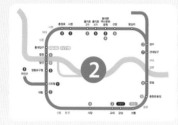

지하철 노선 번호
Subway line number

☐ 호선이에요.

8.

지하철 역 출입구 번호
Subway station exit number

☐ 번 출구예요.

9.

방 번호
Room number

☐ ☐ 호예요.

읽기 후

 3·6·9 게임을 해 보세요.
Play the 3-6-9 game.

첫 번째 사람이 '공'을 말해요. 다음 사람이 1을 말하고, 그 다음 사람이 2를 말해요. 만약 말하려는 숫자에 3, 6, 9가 포함돼 있으면 번호를 말하는 대신 박수를 치세요.

The first person says "0," the next person says "1", the next person says "2", and so on. When your number includes a "3", "6", or "9" you clap instead of actually saying it.

0   1   2   [👏]   4   5   [👏]   7   8   [👏] 10 ......

단원 마무리

학습 목표

정보 요청하기

문법

1. 명 있어요
   A : 우산 있어요?
   B : 네, 있어요.

2. 명 없어요
   A : 우산 있어요?
   B : 아니요, 없어요.

어휘와 표현

말하기

숫자①		날짜		문법	대화
◆ 0 공	◆ 10 십	● 1월 일월		◆ 지금	● 전화번호
◆ 1 일	◆ 20 이십	● 2월 이월		● 안경	□ A : 전화번호가 몇 번이에요?
◆ 2 이	◆ 30 삼십	● 3월 삼월		● 컴퓨터	B : 010-4948-1287이에요.
◆ 3 삼	◆ 40 사십	● 4월 사월		● 선글라스	□ A : 맞아요?
◆ 4 사	◆ 50 오십	● 5월 오월		● 교통카드	B : 네, 맞아요.
◆ 5 오	◆ 60 육십	● 6월 유월		● 여권	● 생일
◆ 6 육	◆ 70 칠십	● 7월 칠월			□ A : 알아요?
◆ 7 칠	◆ 80 팔십	● 8월 팔월			B : 네, 알아요.
◆ 8 팔	◆ 90 구십	● 9월 구월			□ A : 생일이 며칠이에요?
◆ 9 구	◆ 100 백	● 10월 시월			B : 7월 15일이에요.
		● 11월 십일월			
		● 12월 십이월			

● 명사   ■ 동사   ▲ 형용사   ◆ 기타   □ 표현

확인

1. 어떤 것이 있는지 없는지를 말할 수 있어요.
   I can say what I have and what I don't have.

2. 전화번호와 생일을 말할 수 있어요.
   I can say my phone number and my birthday.
   ☆☆☆

준비 **4**

커피 주세요

한국의 카페

주문하기

친구하고 말해 보세요.
Discuss with your classmates.

커피 주세요.

①
커피

②
물

③
콜라

④
오렌지 주스

⑤
레몬차

⑥
녹차

메뉴판을 보고 주문해 보세요.
Look at the menu and place an order.

김밥 주세요.　여기 있어요.

김밥　떡볶이
어묵　순대
핫도그　샌드위치

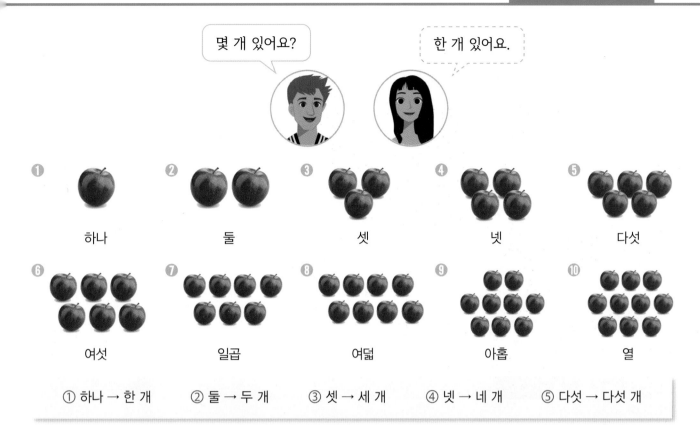

몇 개 있어요?

한 개 있어요.

❶ 하나	❷ 둘	❸ 셋	❹ 넷	❺ 다섯
❻ 여섯	❼ 일곱	❽ 여덟	❾ 아홉	❿ 열

① 하나 → 한 개　② 둘 → 두 개　③ 셋 → 세 개　④ 넷 → 네 개　⑤ 다섯 → 다섯 개

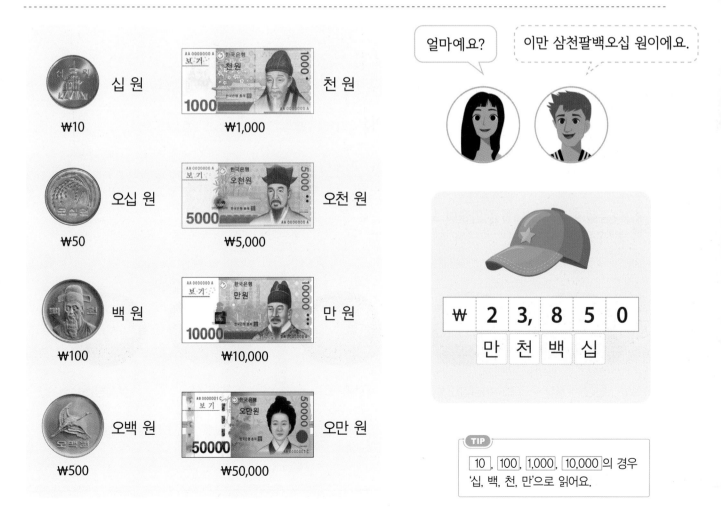

얼마예요?

이만 삼천팔백오십 원이에요.

십 원　₩10

천 원　₩1,000

오십 원　₩50

오천 원　₩5,000

백 원　₩100

만 원　₩10,000

오백 원　₩500

오만 원　₩50,000

₩	2	3,	8	5	0
	만	천	백	십	

TIP
10 , 100 , 1,000 , 10,000 의 경우
'십, 백, 천, 만'으로 읽어요.

식당에서 음식을 주문하고 싶을 때 어떻게 말해요?
What do you say when you want to order food at a restaurant?

비빔밥 두 개 주세요.

된장찌개	8000원
김치찌개	8000원
비빔밥	9000원
냉면	10000원
삼계탕	15000원

앤디 여기요, 물 좀 주세요.

직원 네.

앤디 된장찌개 한 개, 비빔밥 두 개 주세요.

        …

직원 여기 있어요.

다음을 이용해서 대화를 만들어 보세요.
Make a dialogue with the information below.

된장찌개(1)   비빔밥(2)

김치찌개(3)

냉면(4)

삼계탕(5)

역할극을 해 보세요. ➡ p.197
Do a role-play activity.

가격을 알고 싶을 때 어떻게 말해요?
What do I say when I want to know the price?

렝핑	아메리카노 주세요. 얼마예요?
직원	3,000원이에요.
	…
직원	여기 있어요.
렝핑	빨대 있어요?
직원	네, 저기 있어요.

 다음을 이용해서 대화를 만들어 보세요.
Make a dialogue with the information below.

| 아메리카노 | 카페라테 | 레모네이드 | 아이스티 | 오렌지 주스 |
| 3,000원 | 4,300원 | 4,500원 | 5,000원 | 6,500원 |

 역할극을 해 보세요.　➡ p.197
Do a role-play activity.

준비

손님 Ⓐ와 가게 Ⓑ의 두 그룹으로 나누세요.
Ⓐ그룹은 주문 목록 카드를 한 장씩 받고
Ⓑ그룹은 메뉴 그림 카드를 네 장씩 받으세요.

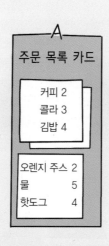

A
주문 목록 카드

커피 2
콜라 3
김밥 4

오렌지 주스 2
물 5
핫도그 4

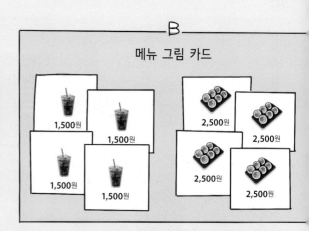

B
메뉴 그림 카드

1,500원 1,500원
1,500원 1,500원

2,500원 2,500원
2,500원 2,500원

활동

Ⓐ그룹은 Ⓑ그룹에 가서 주문하세요.
Ⓑ그룹은 주문 받은 메뉴 그림 카드를 주고, 가격을 말하세요.

커피 두 개 주세요.
얼마예요?

3,000원이에요.
여기 있어요.

정리

구입한 것에 대해서 친구하고 이야기하세요.

듣기 전

가격을 말해 보세요.

Super MARKET SALE

라면 4,500원	우유 5,700원	맥주 2,400원
사과 17,000원	바나나 6,300원	포도 7,800원
칫솔 6,450원	치약 4,900원	휴지 15,290원

듣기

가 잘 듣고 맞는 것에 ✔ 하세요.
Listen carefully and check the correct answer.

1. 사과가 얼마예요?

❶ 7,000원   ❷ 7,800원   ❸ 17,000원   ❹ 27,000원

2. 앤디 씨의 영수증(Receipt)이 뭐예요?

❶
영 수 증		
상품명	수량	금액
우유	2	2,700
라면	5	3,500
총합계		6,200

****
Thank you for shopping!

❷
영 수 증		
상품명	수량	금액
우유	2	5,700
라면	5	4,500
총합계		10,200

****
Thank you for shopping!

듣기 후

 한 사람은 ❹, 한 사람은 ❹가 돼서 다음 표를 완성해 보세요.
Complete the table with a classmate, with one person as A and the other as B.

김치찌개 두 개 주세요. 얼마예요?

만 육천 원이에요.

A
김치찌개	2	원
삼계탕	2	36,000원
카페라테	3	원
아이스티	2	5,400원
콜라	4	원
물	5	3,500원

B
김치찌개	2	16,000원
삼계탕	2	원
카페라테	3	12,000원
아이스티	2	원
콜라	4	8,000원
물	5	원

단원 마무리

학습 목표

주문하기

문법

명 주세요

A : 커피 주세요.
B : 여기 있어요.

어휘와 표현

말하기

숫자②	금액	문법	대화
◆ 하나	◆ 십 원	● 커피	□ 여기요.
◆ 둘	◆ 오십 원	● 물	□ 물 좀 주세요.
◆ 셋	◆ 백 원	● 콜라	● 된장찌개
◆ 넷	◆ 오백 원	● 오렌지 주스	● 비빔밥
◆ 다섯	◆ 천 원	● 레몬차	● 김치찌개
◆ 여섯	◆ 오천 원	● 녹차	● 냉면
◆ 일곱	◆ 만 원	□ A : 몇 개 있어요?	● 삼계탕
◆ 여덟	◆ 오만 원	B : 한 개 있어요.	● 빨대
◆ 아홉		□ A : 얼마예요?	□ 저기 있어요.
◆ 열		B : 이만 삼천팔백오십 원	● 아메리카노
◆ 한 개		이에요.	● 카페라테
◆ 두 개			● 레모네이드
◆ 세 개			● 아이스티
◆ 네 개			

듣고 말하기

- 라면
- 우유
- 맥주
- 사과
- 바나나
- 포도
- □ 어서 오세요.
- □ 모두 얼마예요?

● 명사   ■ 동사   ▲ 형용사   ◆ 기타   □ 표현

확인

1. 필요한 것을 다른 사람한테 요청할 수 있어요.
   I can ask others for what I need.
   ☆☆☆

2. 물건의 가격과 개수를 말할 수 있어요.
   I can say how much an item costs and how many of an item is.
   ☆☆☆

유용한 정보
Useful Information

공휴일
Public Holidays

EN
CN
JP
TH

translation

새해 첫날	📅 1월 1일
설날	📅 *음력 1월 1일
삼일절	📅 3월 1일
석가탄신일	📅 *음력 4월 8일
어린이날	📅 5월 5일
현충일	📅 6월 6일
광복절	📅 8월 15일
추석	📅 *음력 8월 15일
개천절	📅 10월 3일
한글날	📅 10월 9일
크리스마스	📅 12월 25일

전화번호
Government Hotlines

EN
CN
JP
TH

translation

📞 **112**
범죄 및 분실 신고

📞 **119**
화재·구조·구급·재난 신고
응급 의료·병원 정보

📞 **1345**
외국인 종합 안내 센터
국내 체류 외국인을 위한 출입국 민원 상담
생활 편의 안내
20개 언어로 상담 서비스 제공

웹사이트
Websites

EN
CN
JP
TH

translation

- 전자 민원, 출입국 심사, 방문 예약 등

  https://www.hikorea.go.kr/

- 한국 여행 정보 안내

  https://www.visitkorea.or.kr

- 서울 외국인 포털 : 서울에 거주하는 외국인을 위한 정보

  https://global.seoul.go.kr/web/main.do?lang=gl

- 한국어 학습

  https://nuri.iksi.or.kr/front/main/main.do

- 한국어 능력 시험 : 한국어 시험 정보 및 접수

  https://www.topik.go.kr

앱
Mobile Apps

EN
CN
JP
TH

translation

카카오톡   네이버지도   코레일

고속버스   택시   지하철

사전   파파고   티머니고

앤디 씨가 식당에 있어요

장소와 위치 말하기

이름이 뭐예요?

앤디예요.

문장을 완성하고 친구하고 말해 보세요.
Complete the sentence and discuss with your classmates.

이름이 앤디예요.

 ❶ 이름(이/가) · · 요리사예요.

❷ 의자(이/가) · · 앤디예요.

❸ 학생(이/가) · · 두 개 있어요.

❹ 직업(이/가) · · 6월 25일이에요.

❺ 오늘(이/가) · · 세 명 있어요.

❻ 전화번호(이/가) · · 02-705-8088이에요.

친구하고 묻고 대답해 보세요.
Ask and answer the questions with your classmates.

 이름이 뭐예요?

 앤디예요.

이름 / 뭐예요?	직업 / 뭐예요?
오늘 / 며칠이에요?	전화번호 / 몇 번이에요?
학생 / 몇 명 있어요?	의자 / 몇 개 있어요?

여기가 어디예요?

학교예요.

학교

교실

도서관

카페

편의점

식당

회사

영화관

서점

은행

대사관

우체국

 친구하고 말해 보세요.
Discuss with your classmates.

미나 씨가 영화관에 있어요.

 친구하고 묻고 대답해 보세요.
Ask and answer the questions with your classmates.

은행이 어디에 있어요?

1층에 있어요.

INFORMATION	ℹ
7 층	식당
6 층	영화관
5 층	서점
4 층	카페
3 층	대사관
2 층	화장실
1 층	은행
지하1 층	편의점

위

아래

앞

뒤

옆

왼쪽 오른쪽

안

밖

앤디 씨하고 춤을 춰요.

 친구하고 말해 보세요.
Discuss with your classmates.

노트북이 책상 위에 있어요.

① 노트북 ② 핸드폰 ③ 의자
④ 고양이 ⑤ 컵 ⑥ 쓰레기통

 친구하고 묻고 대답해 보세요.
Ask and answer the questions with your classmates.

강아지가 어디에 있어요?

강아지가 침대 위에 있어요.

가방이 어디에 …?

가방이 …

Ⓐ Ⓑ

☐ 강아지 ☐ 가방
☐ 모자 ☐ 컵
☐ 우산 ☐ 쓰레기통

다른 교실에 가서 친구를 찾을 때 어떻게 말해요?
What do you say when you look for a friend in another classroom?

실례합니다.

미나	실례합니다. 앤디 씨가 여기에 있어요?
한스	아니요, 없어요.
미나	그럼 어디에 있어요?
한스	식당에 있어요.

 다음을 이용해서 대화를 만들어 보세요.
Make a dialogue with the information below.

앤디	사라	하루카	투안	가브리엘
식당	도서관	카페	편의점	은행

 반 친구들하고 자유롭게 이야기해 보세요. → p.198
Discuss freely with your classmates.

교실에 물건을 두고 왔어요. 친구에게 전화해서 그 물건이 있는지 물어볼 때 어떻게 말해요?
You left something in a classroom. How do you say when you call your friend and ask if it is still there?

수잔	여보세요. 가브리엘 씨, 지금 어디에 있어요?
가브리엘	교실에 있어요.
수잔	아, 그래요? 혹시 제 책이 교실에 있어요?
가브리엘	네, 책상 위에 있어요.

 다음을 이용해서 대화를 만들어 보세요.
Make a dialogue with the information below.

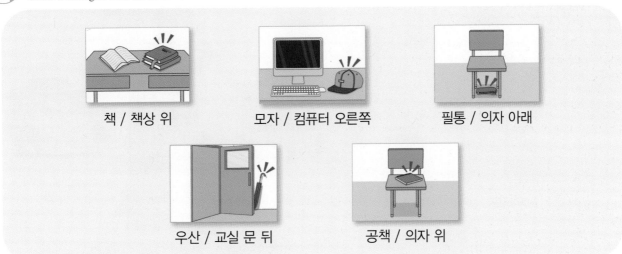

책 / 책상 위　　　　모자 / 컴퓨터 오른쪽　　　　필통 / 의자 아래

우산 / 교실 문 뒤　　　　공책 / 의자 위

 반 친구들하고 자유롭게 이야기해 보세요. → p.198
Discuss freely with your classmates.

ATM이 어디에 있는지 물어보고 싶을 때 어떻게 말해요?
How do you ask where an ATM is?

이 근처에 ATM이 있어요?

앤디   미나 씨, 이 근처에 ATM이 있어요?

미나   네, C빌딩에 있어요.

앤디   C빌딩이 어디에 있어요?

미나   K빌딩 알아요? K빌딩 앞에 있어요.

앤디   감사합니다.

미나   아니에요.

 다음을 이용해서 대화를 만들어 보세요.
Make a dialogue with the information below.

ATM

식당

카페

우체국

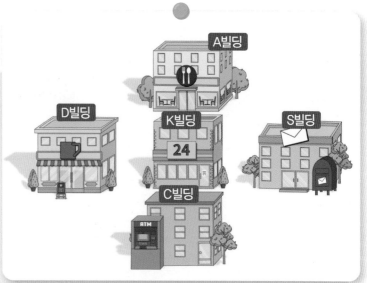

 반 친구들하고 자유롭게 이야기해 보세요. ➡ p.198
Discuss freely with your classmates.

준비

1. 쇼핑몰 그림 활동지를 받으세요.
   (부록 204쪽 활동지를 이용하세요.)
2. 활동지에 표시된 장소의 위치를 확인하세요.

활동

1. Ⓐ활동지를 받은 사람은 Ⓑ활동지를 받은 사람을 만나세요.
2. 내가 모르는 장소의 위치를 물어보세요.
3. 친구의 설명을 잘 듣고 활동지에 장소의 이름을 쓰세요.
4. 활동지를 완성하세요.

정리

완성된 활동지를 보면서 친구하고 이야기해 보세요.

읽기 전

앤디 씨는 어느 나라 사람이에요?

#미국 #샌프란시스코 #학생 #이태원 #0526

교실에 학생들의 자기소개 글이 있어요. 앤디 씨가 친구들의 자기소개를 읽어요.

읽기

 앤디 씨 친구들 집이 어디에 있어요?

저는 완이에요.
태국 사람이에요.
고향이 방콕이에요.
학생이에요.
생일이 10월 19일이에요.
핸드폰 번호가 010-2717-3843이에요.
집이 광화문에 있어요.

저는 사라예요.
프랑스 사람이에요.
고향이 파리예요.
학생이에요. 한국 영화를 좋아해요.
생일이 7월 28일이에요.
핸드폰 번호가 010-5920-7245예요.
집이 신촌에 있어요.
현대 백화점 뒤에 있어요.

저는 가브리엘이에요.
고향이 상파울루예요.
상파울루가 브라질에 있어요.
프로그래머예요.
생일이 9월 30일이에요.
핸드폰 번호가 010-9983-2312예요.
집이 잠실에 있어요.
집 앞에 공원이 있어요.

가 표를 완성하세요.
Complete the table.

	완	사라	가브리엘
국적	태국		
고향			상파울루
직업			
생일			
전화번호		010-5920-7245	
집			

나 친구하고 질문하고 답하세요.
Ask and answer the questions with your classmates.

1. 완 씨가 어느 나라 사람이에요?

2. 완 씨 생일이 며칠이에요?

3. 사라 씨가 뭐 좋아해요?

4. 사라 씨 집이 어디에 있어요?

5. 가브리엘 씨 집이 어디에 있어요?

6. 가브리엘 씨 집 앞에 뭐가 있어요?

다 빈칸에 알맞은 단어를 쓰세요.
Fill in the blanks with the most appropriate words.

한국어 교실에 앤디 씨가 있어요. 앤디 씨는 미국 사람이에요. 완 씨, 사라 씨, 가브리엘 씨는 앤디 씨 ㅊ_____예요. 완 씨는 태국 사람이에요. ㅅ_____이 10월 19일이에요. 사라 씨는 프랑스 사람이에요. ㄱ_____이 프랑스 파리예요. 한국 영화를 좋아해요. ㅈ_____이 신촌에 있어요. 가브리엘 씨는 브라질 사람이에요. 프로그래머예요.

라 학생증 신청서예요. 빈칸에 쓰세요.
This is an application for a student ID card. Fill in the blanks.

학생증 신청서

이름		(사진)
국적		
생일		
전화번호		
이메일		
주소		
	년 월 일	

🏛 서강대학교

① 투안   ② thuanh@amail.com   ③ 010-2232-8073
④ 베트남   ⑤ 10월 13일   ⑥ 서울특별시 마포구 백범로 35

읽기 후

 여러분의 집은 어디에 있어요? 집 근처에 뭐가 있어요? 친구하고 이야기해 보세요.
Where is your house? What are near your house? Talk about them with a friend.

집이 어디에 있어요?

집 앞에 뭐가 있어요?

듣기 전

서강대학교에 뭐가 있어요?

☐ 은행　　☐ 우체국　　☐ 편의점　　☐ 식당　　☐ 스터디 카페　　☐ 체육관　　☐ 도서관

듣기

여기는 서강대학교예요. 한국어 교실이 A빌딩에 있어요.

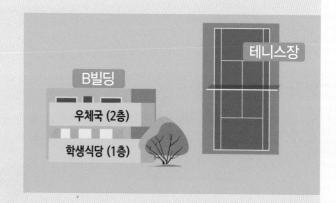

 미나 씨가 앤디 씨한테 전화해요. 앤디 씨가 어디에 있어요?

▶　　▶▶

가 맞으면 O, 틀리면 X 하세요.
Write O if the statement is true and X if it is false.

1. 앤디 씨가 지금 학교에 없어요.   (   )

2. 앤디 씨가 지금 A빌딩에 있어요.   (   )

3. 스터디 카페가 A빌딩 4층에 있어요.   (   )

4. 앤디 씨가 4월 15일에 시간이 있어요.   (   )

5. 앤디 씨 생일이 4월 15일이에요.   (   )

나 친구하고 질문하고 답하세요.
Ask and answer the questions with your classmates.

1. 앤디 씨가 지금 학교에 있어요?

2. 스터디 카페가 어디에 있어요?

3. 스터디 카페가 몇 층에 있어요?

4. 미나 씨가 어디에 있어요?

5. 앤디 씨가 미나 씨 생일에 시간이 있어요?

다 잘 듣고 빈칸을 채우세요.
Listen carefully and fill in the blanks.

워크북
p.70

앤디 : 여보세요.

미나 : 앤디 씨, 안녕하세요? 미나예요.

앤디 : 안녕하세요? 미나 씨.

미나 : 앤디 씨, 1. _____ 어디예요?

앤디 : 2. _____예요. 스터디 카페에 있어요.

라 대본을 실감나게 읽어 보세요. p.175
Read the script as realistically as possible.

마 잘 듣고 따라 하세요.
Listen carefully and repeat.

1. 여보세요.

2. 제 친구들하고 같이 식사해요.

바 요약문을 읽어 보세요.
Read the summary.

> 앤디 씨가 지금 미나 씨하고 전화해요. 앤디 씨는 스터디 카페에 있어요. 스터디 카페가 A빌딩 3층에 있어요. 미나 씨는 학교 앞 식당에 있어요.
>
> 미나 씨 생일이 4월 15일이에요. 4월 15일에 앤디 씨가 미나 씨를 만나요.

듣기 후

 미나 씨하고 앤디 씨처럼 대화해 보세요. (72쪽 지도를 이용하세요.)
Do a Role-Play as Mina and Andy do. (Refer to the map on p.72.)

단원 마무리

학습 목표

장소와 위치 말하기

문법

1. 명이/가
   A : 이름이 뭐예요?
   B : 앤디예요.

2. 명에 있어요
   A : 앤디 씨가 어디에 있어요?
   B : 식당에 있어요.

3. 명 명에 있어요
   A : 모자가 어디에 있어요?
   B : 책상 위에 있어요.

어휘와 표현

말하기

장소
- 학교
- 교실
- 도서관
- 카페
- 편의점
- 식당
- 회사
- 영화관
- 서점
- 은행
- 대사관
- 우체국
- □ A : 여기가 어디예요?
  B : 학교예요.

위치
- 위
- 아래
- 앞
- 뒤
- 옆
- 왼쪽
- 오른쪽
- 안
- 밖

문법
- 직업
- 오늘
- ◆ 몇 명
- ◆ 1층
- 화장실
- 지하
- 고양이
- 쓰레기통
- 강아지
- 침대
- 모자

대화
- □ 실례합니다.
- □ 여보세요.
- ◆ 혹시
- ◆ 제 책
- 문
- ◆ 이 근처
- 빌딩
- □ A : 감사합니다.
  B : 아니에요.

읽고 말하기

- 고향
- 집
- 파리
- 상파울루
- □ 한국 영화를 좋아해요.
- 백화점
- 공원

듣고 말하기

- ◆ 스터디 카페
- ◆ 참!
- □ 시간이 있어요?
- □ 왜요?
- □ 제 생일이에요.
- ◆ 친구들하고
- □ 같이 식사해요.
- □ 좋아요.

● 명사   ■ 동사   ▲ 형용사   ◆ 기타   □ 표현

확인

1. 친구가 어디에 있는지 장소를 말할 수 있어요.
   I can ask someone where they are and talk about places.

2. 물건이 어디에 있는지 위치를 말할 수 있어요.
   I can say where things are.

2

여섯 시에 일어나요

일과 묻고 답하기

친구하고 묻고 대답해 보세요.
Ask and answer the questions with your classmates.

지금 몇 시예요?

오전 다섯 시 이십 분이에요.

오전

① 5:20

② 8:30

③ 10:45

오후

④ 2:55

⑤ 4:50

⑥ 9:00

> **TIP**
> A : 지금 몇 시예요?
> B : 한 시 삼십 분이에요.
>   = 한 시 반이에요.

친구하고 묻고 대답해 보세요.
Ask and answer the questions with your classmates.

7:00   일어나요

11:00   자요

몇 시에 일어나요?

일곱 시에 일어나요.

몇 시에 자요?

열한 시에 자요.

 친구하고 말해 보세요.
Discuss with your classmates.

회사에 가요.

❶ 회사

❷ 체육관

❸ 식당

❹ 공원

❺ 공항

❻ 병원

TIP
9시에 학교에 와요.

 친구하고 묻고 대답해 보세요.
Ask and answer the questions with your classmates.

 한 시에 어디에 가요?

(한 시에) 학생 식당에 가요.

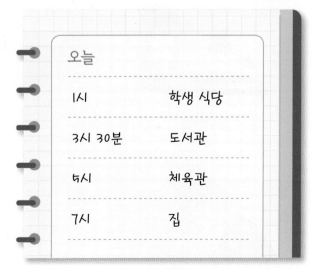

오늘

1시	학생 식당
3시 30분	도서관
5시	체육관
7시	집

TIP
A : 몇 시에 식당에 가요?
B : 한 시에 (식당에) 가요.

 뭐 해요?

 공부해요.

공부해요

일해요

요리해요

식사해요

이야기해요

전화해요

운동해요

쇼핑해요

숙제해요

세수해요

샤워해요

게임해요

 친구하고 말해 보세요.
Discuss with your classmates.

공부해요.

①
공부하다

②
일하다

③
요리하다

④
쇼핑하다

⑤
운동하다

⑥
저녁 식사하다

 친구하고 묻고 대답해 보세요.
Ask and answer the questions with your classmates.

 오후 세 시에 뭐 해요?

(세 시에) 숙제해요.

TIP
A : 몇 시에 숙제해요?
B : 세 시에 숙제해요.

친구가 어디에 가는지 알고 싶을 때 어떻게 말해요?
How do you ask your friend where they are going?

지금 어디에 가요?

수잔 앤디 씨, 안녕하세요? 지금 어디에 가요?

앤디 체육관에 가요. 수잔 씨는 어디에 가요?

수잔 저도 체육관에 가요.

앤디 아, 그래요? 같이 가요.

 다음을 이용해서 대화를 만들어 보세요.
Make a dialogue with the information below.

체육관

공원

편의점

학생 식당

 반 친구들하고 자유롭게 이야기해 보세요. → p.199
Discuss freely with your classmates.

오늘 오후에 친구가 뭐 하는지 알고 싶을 때 어떻게 말해요?
How do you ask someone what they're doing this afternoon?

하루카	렌핑 씨, 오늘 오후에 공부해요?
렌핑	아니요.
하루카	그럼 뭐 해요?
렌핑	명동에 가요.

 다음을 이용해서 대화를 만들어 보세요.
Make a dialogue with the information below.

공부해요
운동해요
쇼핑해요
요리해요

명동

남산 서울타워

한강 공원

롯데월드

 반 친구들하고 자유롭게 이야기해 보세요. ➡ p.199
Discuss freely with your classmates.

친구의 하루 스케줄을 알고 싶을 때 어떻게 말해요?
How do you ask someone about their schedule for the day?

윤호   한스 씨는 보통 몇 시에 일어나요?

한스   여섯 시 삼십 분에 일어나요. 윤호 씨는요?

윤호   저는 여섯 시에 일어나요. 그럼 몇 시에 자요?

한스   열한 시에 자요.

 다음을 이용해서 대화를 만들어 보세요.
Make a dialogue with the information below.

한스

오전 6:30	일어나요
7:00	아침 식사해요
오후 1:00	점심 식사해요
2:30	회사에 가요
8:00	운동해요
11:00	자요

오전 6:00	일어나요
6:30	아침 식사해요
9:00	회사에 가요
오후 12:00	점심 식사해요
8:00	운동해요
11:30	자요

윤호

 반 친구들하고 자유롭게 이야기해 보세요. ➡ p.199
Discuss freely with your classmates.

준비

여러분의 하루 스케줄을 쓰세요.

- ☑ 일어나요
- ☐ (세수, 샤워)해요
- ☐ (아침, 점심, 저녁)
  식사해요
- ☐ 공부해요
- ☐ 이야기해요
- ☐ 숙제해요
- ☐ 운동해요
- ☐ 쇼핑해요
- ☐ 게임해요
- ☑ 자요
- ☐ (식당…)에 가요
- ☐ 친구하고/ 혼자

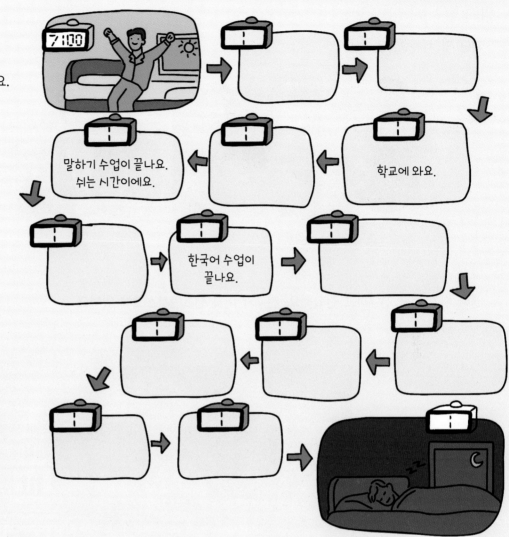

활동

친구들의 하루 스케줄을 물어보세요.

투안 씨는 보통 몇 시에 일어나요?

일곱 시에 일어나요.
그럼 몇 시에 세수해요?

일곱 시 반에 일어나요.
앤디 씨는 몇 시에 일어나요?

…

정리

나하고 스케줄이 비슷한 친구가 있어요? 누구예요? 이야기해 보세요.

읽기 전

지금 몇 시예요? 뭐 해요?

앤디 씨가 지금 친구하고 전화해요. 친구가 미국 샌프란시스코에 있어요.

읽기

 미나 씨, 제니 씨, 한스 씨가 지금 어디에 있어요? 뭐 해요?

지금 한국 서울은 오전 여덟 시예요.
사람들이 회사에 가요.
학생들이 학교에 가요.
길에 자동차가 많아요.
미나 씨가 도서관에 있어요.
공부해요.
오후에 시험이 있어요.

지금 호주 시드니는 오전 아홉 시예요.
시드니에 앤디 씨 친구가 있어요.
이름이 제니예요.
제니 씨가 지금 공원에 있어요.
운동해요.
오전에 수업이 없어요.
오후에 학교에 가요.

지금 독일 베를린은 밤 열두 시예요.
길에 사람이 없어요.
조용해요.
한스 씨가 방에 있어요.
지금 자요.
오전 여섯 시에 일어나요.
일곱 시에 회의가 있어요.

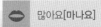 많아요[마나요]

2 읽고 말하기

가 표를 완성하세요.
Complete the table.

	미나 (서울)	제니 ( )	한스 ( )
몇 시예요?		오전 9시	
어디에 있어요?			
뭐 해요?			

나 친구하고 질문하고 답하세요.
Ask and answer the questions with your classmates.

1. 서울은 지금 몇 시예요?

2. 미나 씨가 어디에 있어요?

3. 미나 씨가 뭐 해요? 왜요?

4. 지금 시드니는 밤이에요?

5. 제니 씨가 오후에 어디에 가요?

6. 지금 베를린은 몇 시예요?

7. 한스 씨는 몇 시에 회의가 있어요?

다 빈칸에 알맞은 단어를 쓰세요.
Fill in the blanks with the most appropriate words.

지금 한국 서울은 ㅇ＿＿＿＿＿여덟 시예요. 미나 씨가 도서관에 있어요. ㄱ＿＿＿＿＿. 오후에 시험이 있어요. 호주 시드니는 오전 아홉 시예요. 제니 씨가 운동해요. 오전에 ㅅ＿＿＿＿＿이 없어요. 오후에 학교에 가요. 독일 베를린은 밤 열두 시예요. ㄱ＿＿＿＿＿에 사람이 없어요. 조용해요. 한스 씨가 지금 ㅈ＿＿＿＿＿.

라 다음 그림을 보고 이야기해 보세요.
Talk about what you see in the following pictures.

> 지금 한국 서울은 오전 여덟 시예요.
> 미나 씨가 도서관에 있어요. …

읽기 후

 여러분 나라는 지금 몇 시예요? 가족이 어디에 있어요? 뭐 해요? 친구하고 이야기해 보세요.
What time is it right now in your country? Where is your family? What are they doing? Discuss with your classmates.

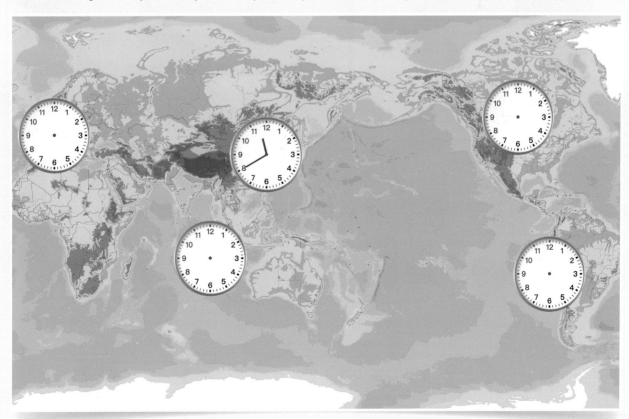

듣기 전

내일 시간이 있어요? 내일 저녁에 뭐 해요?

듣기

앤디 씨하고 친구들이 교실에 있어요. 앤디 씨가 핸드폰 메시지를 봐요.

앤디 씨,
내일 저녁 여섯 시에
시간 있어요?

네, 있어요. 왜요?

제 친구들하고 같이 식사해요.
앤디 씨 반 친구들도 같이
오세요.

정말요? 좋아요.

누가 내일 시간이 있어요?

가 메모를 고치세요. (3개)
Listen carefully and fix the errors in the notes. (three altogether)

완
- 오후 5시 : 공원(친구)

사라
- 오전 : 영화관(바야르)

한스
- 오후 : ~~회사~~

나 친구하고 질문하고 답하세요.
Ask and answer the questions with your classmates.

1. 완 씨가 내일 몇 시에 공항에 가요?

2. 완 씨가 내일 왜 공항에 가요?

3. 사라 씨가 내일 시간이 있어요? 왜요?

4. 사라 씨가 누구하고 영화관에 가요?

5. 누가 내일 시간이 있어요?

다 잘 듣고 빈칸을 채우세요.
Listen carefully and fill in the blanks.

워크북
p.80

앤디 : 완 씨, 내일 뭐 해요? 내일 저녁에 시간 있어요? 같이 식사해요.

완 : 내일 공항에 가요. 친구가 한국에 1. _____.

앤디 : 몇 시에 공항에 가요?

완 : 2. _____ 5시에 공항에 가요.

앤디 : 아, 그래요?

91

라 대본을 실감나게 읽어 보세요. ➡ p.175

Read the script as realistically as possible.

마 잘 듣고 따라 하세요.

Listen carefully and repeat.

1. 미안해요.

2. 그럼 내일 저녁 여섯 시에 시간이 있어요?

바 요약문을 읽어 보세요.

Read the summary.

> 내일 완 씨는 공항에 가요. 완 씨 친구가 한국에 와요. 사라 씨는 내일 바야르 씨하고 영화관에 가요. 내일 완 씨하고 사라 씨는 시간이 없어요. 한스 씨는 시간이 있어요. 내일 앤디 씨는 미나 씨하고 한스 씨하고 같이 식사해요.

듣기 후

 앤디 씨, 완 씨, 한스 씨처럼 대화해 보세요.
Do a Role-Play as Andy, Want and Hans do.

단원 마무리

일과 묻고 답하기

문법

1. 명에
   A : 몇 시에 일어나요?
   B : 일곱 시에 일어나요.

2. 명에 가요
   A : 어디에 가요?
   B : 회사에 가요.

3. 동-아/어요①
   A : 뭐 해요?
   B : 일해요.

어휘와 표현

말하기

시간
- 오전
- 오후
- 시
- 분
- □ A : 몇 시예요?
  B : 한 시예요.
- □ 한 시 삼십 분
  이에요.
- □ 한 시 반이에요.

행동①
- 공부하다 ······ 공부해요
- 일하다 ······ 일해요
- 요리하다 ······ 요리해요
- 식사하다 ······ 식사해요
- 이야기하다 ······ 이야기해요
- 전화하다 ······ 전화해요
- 운동하다 ······ 운동해요
- 쇼핑하다 ······ 쇼핑해요
- 숙제하다 ······ 숙제해요
- 세수하다 ······ 세수해요
- 샤워하다 ······ 샤워해요
- 게임하다 ······ 게임해요

문법
- □ 일어나요.
- □ 자요.
- □ 가요.
- 체육관
- 공항
- 병원
- □ 와요.
- ◆ 학생 식당
- ◆ 저녁 식사하다

대화
- ◆ 저도
- ◆ 보통
- □ 아침 식사해요.
- □ 점심 식사해요.

읽고 말하기
- ◆ 사람들
- ◆ 학생들
- 길
- □ 자동차가 많아요.
- 시험
- 호주
- 시드니
- 베를린
- 친구
- 수업
- 밤
- □ 조용해요.
- 방
- 회의

듣고 말하기
- ◆ 내일
- 저녁
- □ 미안해요.
- □ 약속이 있어요.
- ◆ 다음에
- ◆ 제 친구
- □ 내일 같이 만나요.

● 명사 ■ 동사 ▲ 형용사 ◆ 기타 □ 표현

확인

1. 시간을 말할 수 있어요.
   I can say what time it is.

2. 하루 일과에 대해서 말할 수 있어요.
   I can talk about my daily routine.

서울
Seoul

website

#경복궁 #Gyeongbokgung palace #북촌한옥마을

#남산서울타워 #Namsan Seoul Tower #명동

#월드컵공원 #World Cup Park #하늘공원

강서구

양천구

영등

구로구

금천구

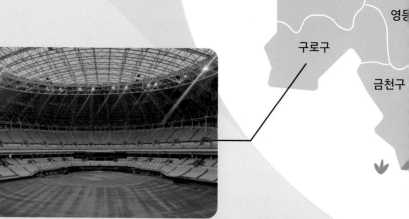

#고척스카이돔 #Gocheok Sky Dome #야구장

여러분의 나라는 수도가 어디예요? 대한민국의 수도는 서울이에요. 서울은 조선 시대 (1392~1910) 때부터 수도였는데 600년 넘게 수도의 자리를 지키고 있어요. 서울은 한반도 중앙에 위치해 있어요. 그리고 25개의 구로 이루어져 있어요. 약 940만 명의 사람들이 살아요. 서울은 오랜 역사를 지닌 옛 모습과 최신 트렌드가 함께 공존하는 곳이에요. 서울에서 어디에 가고 싶어요? 거기가 어디에 있어요? 찾아보세요.

EN
CN
JP
TH
translation

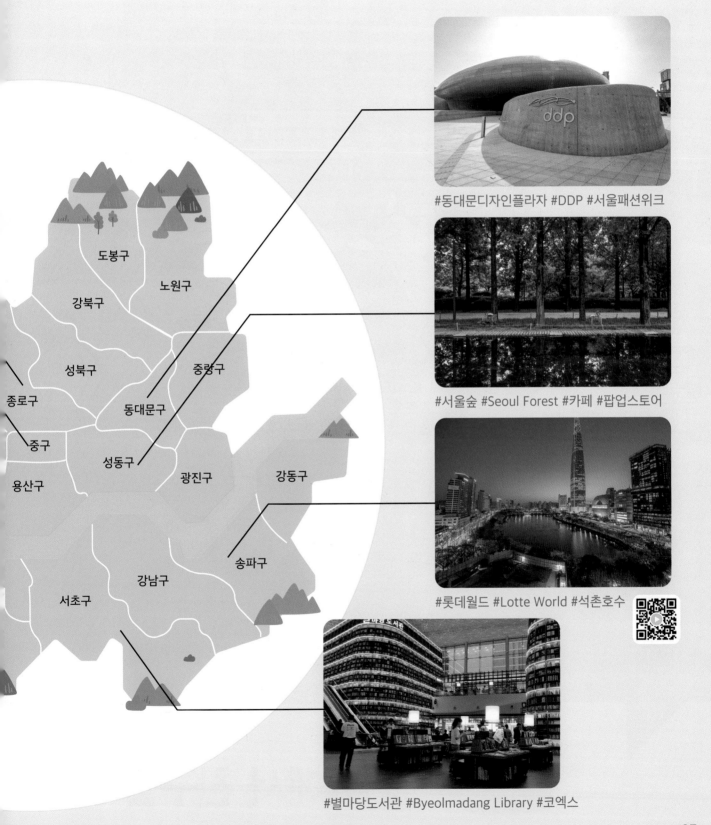

#동대문디자인플라자 #DDP #서울패션위크

#서울숲 #Seoul Forest #카페 #팝업스토어

#롯데월드 #Lotte World #석촌호수

#별마당도서관 #Byeolmadang Library #코엑스

3

카페에서 친구를 만나요

일상생활 말하기

좋아해요[조아해요]

 친구하고 말해 보세요.
Discuss with your classmates.

아메리카노를 좋아해요.

Coffee & Tea

아메리카노 　 카페라테 　 밀크티 　 레모네이드

Bakery

와플 　 머핀 　 샌드위치

크루아상 　 베이글

 친구하고 묻고 대답해 보세요.
Ask and answer the questions with your classmates.

운동을 좋아해요?

네, 운동을 좋아해요.

아니요, 운동을 싫어해요.

운동	영화
드라마	한국 음식
춤	커피

뭐 해요?

친구를 만나요.

비자를 받아요

친구를 만나요

옷을 사요

영화를 봐요

밥을 먹어요

책을 읽어요

영어를 가르쳐요

커피를 마셔요

책을 빌려요

테니스를 배워요

춤을 춰요

음악을 들어요

 친구하고 말해 보세요.
Discuss with your classmates.

친구를 만나요.

① 친구를 만나다

② 영화를 보다

③ 김밥을 먹다

④ 요가를 배우다

⑤ 커피를 마시다

⑥ 음악을 듣다✪

 게임을 해 보세요.
Play a game.

99쪽 그림을 이용하세요.

❶ Ⓐ는 그림 카드를 보세요. 이 분이 뭐해요?
동작으로 설명하세요.

❷ Ⓑ, Ⓒ, Ⓓ는 Ⓐ의 행동을 보고 대답하세요.

친구하고 말해 보세요.
Discuss with your classmates.

학교에서 한국어를 공부해요.

 ①

학교

한국어를 공부해요

②
카페

커피를 마셔요

③
영화관

영화를 봐요

④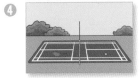
테니스장

테니스를 배워요

친구하고 묻고 대답해 보세요.
Ask and answer the questions with your classmates.

 어디에서 한국어를 공부해요?

학교에서 한국어를 공부해요.

카페에서 한국어를 공부해요.

도서관에서 한국어를 공부해요.

한국어를 공부하다	친구를 만나다
영화를 보다	커피를 마시다
책을 읽다	음악을 듣다

 TIP
A : 학교에서 뭐 해요?
B : 학교에서 한국어를 공부해요.

101

오늘 친구가 뭐 하는지 알고 싶을 때 어떻게 말해요?
How do you ask someone what they're going to do today?

투안	하루카 씨, 오늘 일본어를 가르쳐요?
하루카	아니요.
투안	그럼 뭐 해요?
하루카	영화를 봐요.

 다음을 이용해서 대화를 만들어 보세요.
Make a dialogue with the information below.

일본어를 가르치다

테니스를 치다

영화를 보다

한국어를 공부하다

책을 읽다

요가를 하다

옷을 사다

친구를 만나다

 반 친구들하고 자유롭게 이야기해 보세요. ➡ p.200
Discuss freely with your classmates.

내일 친구가 뭐 하는지 알고 싶을 때 어떻게 말해요?
How do you ask someone what they're doing tomorrow?

앤디	완 씨, 내일 뭐 해요?
완	한국 요리를 배워요.
앤디	어디에서 한국 요리를 배워요?
완	요리 교실에서 한국 요리를 배워요.

 다음을 이용해서 대화를 만들어 보세요.
Make a dialogue with the information below.

한국 요리를 배우다	요리 교실
책을 읽다	도서관
게임하다	친구 집
춤을 추다	댄스 교실

 반 친구들하고 자유롭게 이야기해 보세요. → p.200
Discuss freely with your classmates.

금요일에 친구가 뭐 하는지 알고 싶을 때 어떻게 말해요?
How do you ask someone what they are doing on Friday?

사라	가브리엘 씨, 금요일에 뭐 해요?
가브리엘	축구해요.
사라	어디에서 축구해요?
가브리엘	학교 운동장에서 축구해요. 사라 씨는 금요일에 뭐 해요?
사라	저는 친구를 만나요.

 다음을 이용해서 대화를 만들어 보세요.
Make a dialogue with the information below.

금요일	토요일	일요일
축구하다	요리하다	책을 읽다
학교 운동장	친구 집	도서관

금요일	토요일	일요일
친구를 만나다	영화를 보다	산책하다
카페	영화관	공원

 반 친구들하고 자유롭게 이야기해 보세요. ➡ p.200
Discuss freely with your classmates.

준비

1. 번호와 장소가 적혀 있는 카드와 번호만 적혀 있는 활동지를 한 장씩 받으세요.

2. 카드를 보고 거기에서 무엇을 할 수 있는지 생각해 보세요.

3. 체육관

활동지

1.	2.	3.	4.	5.	6.
7.	8.	9.	10.	11.	12.

활동

1. 친구가 가지고 있는 카드의 장소에서 할 수 있는 것들을 물어보세요.
   거기가 어디인지 맞혀 보세요.

몇 번 알아요?

거기에서 밥을 먹어요?

거기에서 책을 읽어요?

거기에서 운동해요?

체육관이에요?

3번 알아요.

아니요.

아니요.

네, 운동해요.

네, 체육관이에요.

2. 활동지에 친구 이름과 친구에게 얻은 정보(장소)를 쓰세요.

1.	2.	3. 바야르 체육관	4.	5.
6.	7.	8.	9.	10.

정리

친구하고 활동지에 쓴 내용을 확인하세요.

읽기 전

오늘이 무슨 요일이에요? 뭐 해요?

일요일	월요일	화요일	수요일	목요일	금요일	토요일
		1	2	3	4	5
6	7	8	9	10	11	12
13	14	15	16	17	18	19

하루카 씨의 일주일 스케줄이에요. 하루카 씨는 아주 바빠요.

월	화	수	목	금	토	일
			한국어 수업		등산	
	일본어					

106

읽기

 렌핑 씨, 바야르 씨, 한스 씨가 이번 주 일요일에 뭐 해요?

렌핑

#렌핑 #태권도 #게임해요

바야르

#바야르 #여행해요

한스

#한스 #테니스 #등산해요

저는 월요일에 체육관에서 태권도를 배워요.
화요일에 친구하고 점심 식사해요.
식당에서 중국 음식을 먹어요.
금요일에 친구 집에서 영화를 봐요.
일요일에 게임을 해요.
게임을 아주 좋아해요.

저는 월요일에 도서관에서 책을 빌려요.
화요일에 친구하고 약속이 있어요.
수요일에 백화점에서 쇼핑해요.
금요일에 집에서 요리해요.
불고기를 만들어요.
일요일에 여행해요.
여행을 좋아해요.

저는 월요일부터 금요일까지 아주 바빠요.
오전에 학교에서 공부해요.
그리고 오후에 회사에서 일해요.
수요일 오전 일곱 시에 테니스장에서 테니스를 쳐요.
금요일 저녁에 친구를 만나요.
일요일에 등산해요.

가 표를 완성하세요.
Complete the table.

	렌핑	바야르	한스
월요일	체육관/태권도/배워요		월요일~금요일 -오전 : -오후 :
화요일		친구/약속이 있어요	
수요일			수요일 -
목요일			
금요일			금요일 -저녁/친구/만나요
토요일			
일요일			

나 친구하고 질문하고 답하세요.
Ask and answer the questions with your classmates.

1. 렌핑 씨는 월요일에 뭐 해요?

2. 렌핑 씨는 어디에서 영화를 봐요?

3. 바야르 씨는 금요일에 뭐 만들어요?

4. 바야르 씨는 무슨 요일에 여행해요?

5. 누가 오후에 일해요?

6. 한스 씨는 수요일 몇 시에 테니스를 쳐요?

7. 무슨 요일에 세 명 모두 시간이 있어요?

다 빈칸에 알맞은 단어를 쓰세요.
Fill in the blanks with the most appropriate words.

렌핑 씨, 바야르 씨, 한스 씨는 한국어교육원 학생이에요. 렌핑 씨는 월요일에 체육관에서 ㅌ_____ 를 배워요. 일요일에 게임을 해요. 게임을 ㅈ_____. 바야르 씨는 월요일에 도서관에서 책을 ㅂ_____. 금요일에 불고기를 ㅁ_____. 한스 씨는 아주 ㅂ_____. 오전에 학교에서 한국어를 공부해요. 그리고 오후에 회사에서 일해요. 렌핑 씨, 바야르 씨, 한스 씨 세 사람 모두 토요일에 시간이 있어요.

라 스케줄을 보면서 이야기해 보세요.
Talk about the schedule with your classmates.

렌핑 씨는 월요일에 체육관에서 태권도를 배워요.
화요일에 친구하고 …

월요일	화요일	수요일	목요일	금요일	토요일	일요일

월요일	화요일	수요일	목요일	금요일	토요일	일요일

읽기 후

 수업 후에 뭐 해요? 이번 주 무슨 요일에 시간이 있어요? 친구하고 이번 주 스케줄에 대해 이야기해 보세요.
What do you do after class? What days are you free this week? Talk about this week's schedule with your classmates.

월요일에 뭐 해요?

무슨 요일에 시간이 있어요?

듣기 전

영화를 좋아해요? 요즘 영화관에서 무슨 영화를 해요?

무비 차트　　　　　　　　　　　　　　Home　Movies　TV Shows　My List

로미오와 줄리엣　　　미션 임파서블　　　해리포터　　　기생충

듣기

사라 씨한테 영화표가 있어요. 그래서 사라 씨는 오늘 앤디 씨하고 영화를 봐요.

사라 씨는 앤디 씨를 어디에서 만나요?

가 맞으면 O, 틀리면 X 하세요.
Write O if the statement is true and X if it is false.

1. 앤디 씨가 오늘 바빠요.   (   )

2. 사라 씨가 앤디 씨하고 '해리포터'를 봐요.   (   )

3. 영화가 재미있어요.   (   )

4. 사라 씨하고 앤디 씨가 여덟 시에 만나요.   (   )

5. 앤디 씨가 용산 역을 몰라요.   (   )

나 친구하고 질문하고 답하세요.
Ask and answer the questions with your classmates.

1. 앤디 씨가 영화를 좋아해요?

2. 두 사람이 무슨 영화를 봐요?

3. 그 영화가 어때요?

4. 두 사람이 오늘 몇 시에 만나요?

5. 두 사람이 어디에서 만나요? 왜요?

다 잘 듣고 빈칸을 채우세요.
Listen carefully and fill in the blanks.

워크북
p.94

사라 : 앤디 씨.

앤디 : 네, 사라 씨.

사라 : 오늘 1. _____?

앤디 : 아니요, 왜요?

사라 : 2. _____ 좋아해요?

라 대본을 실감나게 읽어 보세요. ➡ p.176
Read the script as realistically as possible.

마 잘 듣고 따라 하세요.
Listen carefully and repeat.

1. 오늘 바빠요?

2. 그럼 용산 역 1번 출구에서 만나요.

바 요약문을 읽어 보세요.
Read the summary.

> 사라 씨가 오늘 앤디 씨하고 같이 영화를 봐요. '해리포터'를 봐요. 그 영화가 아주 재미있어요. 사라
>
> 씨는 6시에 용산 역에서 앤디 씨를 만나요. 왜냐하면 앤디 씨가 영화관을 몰라요.

듣기 후

영화표가 있어요. 사라 씨와 앤디 씨처럼 대화해 보세요.
You have some movie tickets. Do a Role-Play as Sarah and Andy do.

A 영화표를 보고 친구에게 영화를 보자고 하세요.
Look at the movie tickets and ask your classmates to go to the movie together.

B 약속 장소와 시간을 정하세요.
Decide on the meeting time and place.

영화 좋아해요?

네, 좋아해요.

영화표가 있어요.
같이 영화 봐요.

그래요? 좋아요.
무슨 영화예요?

단원 마무리

일상생활 말하기

문법

1. 명을/를	A : 아메리카노를 좋아해요? B : 네, 아메리카노를 좋아해요.
2. 동-아/어요②	A : 지금 뭐 해요? B : 드라마를 봐요.
3. 명에서	A : 어디에서 책을 빌려요? B : 도서관에서 빌려요.

어휘와 표현

말하기

행동②

◆ (비자를) 받다 ┄┄┄┄ 받아요
◆ (친구를) 만나다 ┄┄┄┄ 만나요
◆ (옷을) 사다 ┄┄┄┄ 사요
◆ (영화를) 보다 ┄┄┄┄ 봐요
◆ (밥을) 먹다 ┄┄┄┄ 먹어요
◆ (책을) 읽다 ┄┄┄┄ 읽어요
◆ (영어를) 가르치다 ┄┄┄┄ 가르쳐요
◆ (커피를) 마시다 ┄┄┄┄ 마셔요
◆ (책을) 빌리다 ┄┄┄┄ 빌려요
◆ (테니스를) 배우다 ┄┄┄┄ 배워요
◆ (춤을) 추다 ┄┄┄┄ 춰요
◆ (음악을) 듣다 ┄┄┄┄ 들어요

문법

□ 싫어해요.
◆ 한국 음식
● 김밥
● 요가
● 테니스장

대화

● 일본어
◆ 테니스를 치다
◆ 요가를 하다
◆ 한국 요리
◆ 요리 교실
◆ 친구 집
◆ 댄스 교실
■ 축구하다
● 운동장
■ 산책하다

읽고 말하기

● 월요일
● 화요일
● 수요일
● 목요일
● 금요일
● 토요일
● 일요일
● 태권도
◆ 중국 음식
◆ 아주
● 불고기
■ 만들다
■ 여행하다
◆ 월요일부터
◆ 금요일까지
□ 바빠요.
■ 등산하다

듣고 말하기

● 영화표
□ 무슨 영화예요?
◆ 그 영화
□ 재미있어요.
□ 몰라요.
◆ 용산 역
◆ 1번 출구

● 명사   ■ 동사   ▲ 형용사   ◆ 기타   □ 표현

확인

1. 일상생활에 대해서 말할 수 있어요.
   I can talk about my daily activities..

2. 각 장소에서 무슨 행동을 하는지 말할 수 있어요.
   I can say what activities are usually done at a given location.

4

어제 핸드폰을 샀어요

과거 말하기

 친구하고 말해 보세요.
Discuss with your classmates.

운동했어요.

①
운동하다

②
친구를 만나다

③
영화를 보다

④
책을 빌리다

⑤
테니스를 배우다

⑥
음악을 듣다✪

 친구하고 묻고 대답해 보세요.
Ask and answer the questions with your classmates.

 어제 뭐 했어요?

친구를 만났어요.

한스 씨는 어제 뭐 했어요?

 저는 등산했어요.

어제	3일 전
지난주	지난달
두 달 전	작년

117

 친구하고 말해 보세요.
Discuss with your classmates.

> 밥을 안 먹어요.

❶ 밥을 먹어요.

❷ 옷을 사요.

❸ 커피를 마셔요.

❹ 음악을 들어요.

❺ 운동을 해요.

❻ 일을 해요.

❼ 날씨가 좋아요.

❽ 교실이 조용해요.

TIP
A : 운동해요?
B : 아니요, 운동을 안 해요.
= 아니요, 운동 안 해요.

 친구의 질문에 모두 '아니요'로 대답하세요.
Respond to all your classmates' questions by saying "아니요."

매일 요리해요?

아니요, 매일 요리 안 해요.

매일 커피를 마셔요?

 아니요, 매일 커피를 안 마셔요.

매일 요리해요?	매일 커피를 마셔요?
주말에 보통 영화를 봐요?	어제 친구를 만났어요?
요즘 바빠요?	피곤해요?

친구하고 말해 보세요.
Discuss with your classmates.

주말에 보통 쇼핑을 해요. 그리고 운동도 해요.

❶

❷

어제 영화를 봤어요. 그리고 책도 읽었어요.

❸

❹

친구하고 묻고 대답해 보세요.
Ask and answer the questions with your classmates.

 보통 수업 후에 뭐 해요?

점심을 먹어요. 그리고 커피도 마셔요.

주말에 보통 뭐 해요?

 책을 읽어요. 그리고 등산도 해요.

보통 수업 후에 뭐 해요?	주말에 보통 뭐 해요?
공원에서 뭐 해요?	어제 카페에서 뭐 했어요?
어제 뭐 했어요?	어제 뭐 먹었어요?

119

친구가 어떤 행동을, 언제 했는지 알고 싶을 때 어떻게 말해요?
How do you ask someone what they did and when they did it?

수잔	렌핑 씨, 핸드폰 샀어요?
렌핑	네, 샀어요.
수잔	언제 샀어요?
렌핑	3일 전에 샀어요.

 다음을 이용해서 대화를 만들어 보세요.
Make a dialogue with the information below.

핸드폰(을) 사다	3일 전
해리포터(를) 보다	5년 전
비자(를) 받다	지난주
수영(을) 배우다	작년
이사(를) 하다	지난달

 반 친구들하고 자유롭게 이야기해 보세요. ➡ p.201
Discuss freely with your classmates.

어떤 행동을 하지 않은 이유를 어떻게 말해요?
How do you ask someone why they didn't do something?

도서관에 갔어요?

사라	투안 씨, 월요일에 도서관에 갔어요?
투안	아니요, 안 갔어요.
사라	왜 안 갔어요?
투안	피곤했어요.

 다음을 이용해서 대화를 만들어 보세요.
Make a dialogue with the information below.

월요일	도서관에 가다	피곤하다
화요일	영화를 보다	바쁘다
수요일	축구하다	다리가 아프다
목요일	책을 읽다	일이 많다
금요일	앤디 씨하고 점심을 먹다	시간이 없다

 반 친구들하고 자유롭게 이야기해 보세요. ➡ p.201
Discuss freely with your classmates.

친구가 어제 뭐 했는지 알고 싶을 때 어떻게 말해요?
How do you ask someone what they did yesterday?

바야르	가브리엘 씨, 어제 뭐 했어요?
가브리엘	집에 있었어요.
바야르	집에서 뭐 했어요?
가브리엘	요리했어요. 그리고 청소도 했어요.

 다음을 이용해서 대화를 만들어 보세요.
Make a dialogue with the information below.

요리하다

청소하다

설거지하다

빨래하다

다리미질하다

책상 정리하다

 반 친구들하고 자유롭게 이야기해 보세요. ➡ p.201
Discuss freely with your classmates.

준비

1. 활동지를 네 장씩 받으세요. 활동지에는 과거의 경험에 대한 질문이 있어요.

2. 활동지에 과거에 누구하고, 어디에서, 무엇을 했는지 여러분의 경험을 구체적으로 쓰세요.

작년 생일에 뭐 했어요?	작년에 뭐 했어요?
5년 전에 뭐 했어요?	지난 주말에 뭐 했어요? 친구하고 한강 공원에서 치킨을 먹었어요.

활동

1. 여러분이 쓴 활동지를 선생님이 친구들한테 무작위로 나눠 줄 거예요.

2. 선생님한테서 받은 종이에 쓰여 있는 경험을 누가 했는지 찾으세요.

앤디 씨, 지난 주말에 친구하고
한강 공원에서 치킨을 먹었어요?

그럼 지난 주말에 뭐 했어요?

아니요.

한국 친구하고
체육관에서 농구했어요.

완 씨, 지난 주말에 친구하고
한강 공원에서 치킨을 먹었어요?

네, 지난 주말에 친구하고
한강 공원에서 치킨을 먹었어요.

아! 완 씨예요?

정리

친구하고 누가, 어디에서, 뭐 했는지 이야기해 보세요.

읽기 전

파티를 좋아해요? 언제 파티를 해요?

수잔 씨는 어제 오전에 파티를 준비했어요. 그리고 친구들하고 파티를 했어요.

읽기

 수잔 씨가 왜 파티를 했어요? 파티가 어땠어요?

수잔 씨는 지난주에 이사했어요. 그래서 어제 집에 친구들을 초대했어요.

수잔 씨는 어제 오전에 파티를 준비했어요. 집을 청소했어요. 그리고 마트에 갔어요. 마트에서 과일을 샀어요. 그리고 주스도 샀어요. 오후 세 시에 요리를 했어요. 불고기를 만들었어요.

친구들이 일곱 시에 왔어요. 다 같이 저녁을 맛있게 먹었어요. 그리고 이야기도 많이 했어요. 아홉 시쯤 저녁 식사가 끝났어요. 그다음에 노래했어요. 음악을 들었어요. 그리고 춤도 췄어요. 파티가 정말 재미있었어요.

투안 씨가 말했어요. "수잔 씨, 집이 아주 좋아요."

완 씨가 말했어요. "음식이 아주 맛있어요."

"고마워요." 수잔 씨가 말했어요.

파티가 밤 열한 시에 끝났어요. 수잔 씨는 피곤했어요. 하지만 기분이 아주 좋았어요.

맛있게[마싣께]

끝났어요[끈나써요]

125

4 읽고 말하기

가 잘 읽고 순서대로 쓰세요.
Read the sentences below carefully and put them in the order.

❶ 수잔 씨가 지난주에 이사했어요.

❷ 어제 오전에 수잔 씨가 파티를 준비했어요.

❸ 일곱 시에 친구들이 집에 왔어요.

❹ 그래서 수잔 씨가 어제 집에 친구들을 초대했어요.

❺ 그리고 오후에 불고기를 만들었어요

❻ 다 같이 저녁 식사했어요.

(❶) → (   ) → (   ) → (   ) → (   ) → (   )

나 친구하고 질문하고 답하세요.
Ask and answer the questions with your classmates.

1. 수잔 씨는 왜 집에 친구들을 초대했어요?

2. 수잔 씨는 어제 오전에 뭐 했어요?

3. 수잔 씨는 마트에서 뭐 샀어요?

4. 친구들이 수잔 씨 집에서 뭐 했어요?

5. 파티가 언제 끝났어요?

다 빈칸에 알맞은 단어를 쓰세요.
Fill in the blanks with the most appropriate words.

수잔 씨는 지난주에 <u>ㅇ   </u>. 그래서 집에 친구들을 <u>ㅊ   </u>. 수잔 씨는 어제 오전에 집을 청소했어요. 그리고 마트에 갔어요. 오후 세 시에 요리했어요. 불고기를 만들었어요. 친구들이 일곱 시에 수잔 씨 집에 왔어요. 친구들하고 <u>ㅈ   </u>을 먹었어요. 이야기도 했어요. 그다음에 노래했어요. 음악을 <u>ㄷ   </u>. 그리고 춤도 췄어요. 파티가 정말 <u>ㅈ   </u>.

라 다음 그림을 보고 이야기해 보세요.
Talk about what you see in the following pictures.

그래서

> 수잔 씨가 이사했어요.
> 그래서 파티를 했어요.

그리고

그다음에

하지만

읽기 후

 여러분 나라에서는 보통 언제 파티를 해요? 여러분은 언제 파티를 했어요? 친구하고 이야기해 보세요.
When do people usually throw parties in your country? When did you throw a party? Discuss with your classmates.

> 언제 파티를 했어요?

> 왜 파티를 했어요?

> 파티에 누가 왔어요?

4 듣고 말하기 수잔 씨 집에서 뭐 했어요?

듣기 전

어제 뭐 했어요? 친구를 만났어요?

듣기

어제 수잔 씨가 집에서 파티를 했어요. 하지만 하루카 씨는 파티에 안 갔어요.

🎧 하루카 씨는 어제 왜 파티에 안 갔어요?

128

가 맞으면 O, 틀리면 X 하세요.
Write O if the statement is true and X if it is false.

1. 가브리엘 씨가 어제 수잔 씨 집에 갔어요.   (   )

2. 가브리엘 씨가 어제 한국 음식을 만들었어요.   (   )

3. 하루카 씨가 어제 일본어를 가르쳤어요.   (   )

4. 하루카 씨가 친구들을 기다렸어요.   (   )

5. 파티가 밤 아홉 시에 끝났어요.   (   )

나 친구하고 질문하고 답하세요.
Ask and answer the questions with your classmates.

1. 어제 수잔 씨 파티가 어땠어요?

2. 가브리엘 씨가 수잔 씨 집에서 뭐 했어요?

3. 가브리엘 씨가 몇 시에 집에 갔어요?

4. 하루카 씨가 왜 파티에 안 갔어요?

5. 하루카 씨는 어제 몇 시에 일이 끝났어요?

다 잘 듣고 빈칸을 채우세요.
Listen carefully and fill in the blanks.

워크북
p.104

> 하루카   : 가브리엘 씨, 어제 수잔 씨 집에 갔어요?
>
> 가브리엘 : 네, 갔어요. 파티가 아주 1. _____.
>
> 하루카   : 그래요? 수잔 씨 집에서 뭐 했어요?
>
> 가브리엘 : 이야기를 많이 했어요. 그리고 음악도 2. _____.
>
> 하루카   : 우와, 저녁도 먹었어요?

라 대본을 실감나게 읽어 보세요. → p.176

Read the script as realistically as possible.

마 잘 듣고 따라 하세요.

Listen carefully and repeat.

1. A : 미안해요.

   B : 아니에요.

2. 밤 아홉 시에 일이 끝났어요.

바 요약문을 읽어 보세요.

Read the summary.

어제 수잔 씨 집에서 파티를 했어요. 가브리엘 씨가 파티에 갔어요. 파티가 아주 재미있었어요. 하지만 하루카 씨는 바빴어요. 밤 아홉 시에 일이 끝났어요. 그래서 파티에 안 갔어요.

듣기 후

 가브리엘 씨와 하루카 씨처럼 대화해 보세요.

Do a Role-Play as Gabriel and Haruka do.

A 왜 친구에게 파티에 안 왔는지 물어보세요.

Ask your classmate why they didn't come to the party.

B 어제 파티에 안 간 이유를 말해 보세요.

Tell your classmate why you didn't go to the party yesterday.

단원 마무리

학습 목표

과거 말하기

문법

1. 동 -았/었어요	A : 어제 뭐 했어요? B : 운동했어요.
2. 안 동 형	A : 보통 아침을 먹어요? B : 아니요, 안 먹어요.
3. 명 도	A : 마트에서 보통 뭐 사요? B : 사과를 사요. 그리고 우유도 사요.

어휘와 표현

말하기

과거 시간
- ● 오늘
- ● 어제
- ◆ 2일 전
- ◆ 이번 주
- ● 지난주
- ◆ 이번 달
- ● 지난달
- ● 올해
- ● 작년

집안일
- ◆ 요리(를) 하다
- ◆ 청소(를) 하다
- ◆ 설거지(를) 하다
- ◆ 빨래(를) 하다
- ◆ 다리미질(을) 하다
- ◆ 책상 정리(를) 하다

문법
- □ 날씨가 좋아요.
- □ 교실이 조용해요.
- ● 매일
- ● 주말
- □ 피곤해요.
- □ 수업 후

대화
- ◆ 언제
- ● 수영
- ◆ 이사를 하다
- ◆ 왜
- ◆ 점심을 먹다
- ▲ 바쁘다
- ◆ 다리가 아프다
- ◆ 일이 많다
- ◆ 시간이 없다

읽고 말하기
- ◆ 그래서
- ■ 초대하다
- ● 파티
- ■ 준비하다
- ◆ 그리고
- ● 마트
- ● 과일
- ● 주스
- ◆ 다 같이
- ◆ 맛있게
- ◆ 많이
- □ 아홉 시쯤
- ■ 끝나다
- ◆ 그다음에
- ■ 노래하다
- ◆ 정말
- ■ 말하다
- □ 맛있어요.
- ◆ 하지만
- ◆ 기분이 좋다

듣고 말하기
- □ 우와!
- ◆ 그런데
- ■ 기다리다

● 명사　■ 동사　▲ 형용사　◆ 기타　□ 표현

확인

1. 내가 과거에 한 일을 말할 수 있어요. ☆☆☆
   I can say what I did in the past.

2. 내가 하지 않은 일을 말할 수 있어요. ☆☆☆
   I can say what I didn't do.

한국의 관광지
Tourist Attractions

information

파주

장소 : 임진각, DMZ
음식 : 두부 보쌈, 두부 전골
가는 방법 : 경의중앙선+마을버스 🕐 1시간 40분

서울
인천

서해

대전

전주

장소 : 한옥 마을, 경기전
음식 : 비빔밥, 콩나물국밥
가는 방법 : KTX 🕐 1시간 40분
　　　　　　고속버스 🕐 2시간 40분

광주

제주

제주도

장소 : 한라산, 협재 해수욕장
음식 : 흑돼지구이, 고기국수
가는 방법 : 비행기 🕐 1시간

한국은 다양하고 매력적인 관광지로 가득한 나라입니다. 다음은 한국 사람들도 외국 사람들도 자주 찾는 한국의 관광 명소예요. 지역마다 다른 분위기의 관광지들을 볼 수 있어요. 여러분은 가 보고 싶은 곳이 있어요? 어디예요?

EN
CN
JP
TH
translation

강릉
장소 : 경포대, 안목 해변
음식 : 순두부, 막국수
가는 방법 : KTX 🕐 2시간 10분
　　　　　 고속버스 🕐 2시간 20분

단양
장소 : 고수 동굴, 소백산
음식 : 떡갈비, 마늘 만두
가는 방법 : KTX 🕐 2시간 15분
　　　　　 고속버스 🕐 4시간 15분

동해

구

울산

부산

경주
장소 : 불국사, 석굴암
음식 : 쌈밥, 황남빵
가는 방법 : KTX 🕐 2시간 40분
　　　　　 고속버스 🕐 4시간

부산
장소: 해운대, 감천문화마을
음식: 돼지국밥, 밀면
가는 방법: KTX 🕐 2시간 40분
　　　　　 고속버스 🕐 4시간

5

지하철 2호선을 타세요

설명하기

 친구하고 말해 보세요.
Discuss with your classmates.

자고 싶어요.

❶
자다

❷
집에 가다

❸
친구하고 놀다

❹
한국에서 살다

❺
커피를 마시다

❻
음악을 듣다

 친구하고 묻고 대답해 보세요.
Ask and answer the questions with your classmates.

 점심에 뭐 먹고 싶어요?

김밥을 먹고 싶어요.

지금 뭐 하고 싶어요?

 집에서 쉬고 싶어요.

점심에 뭐 먹고 싶어요?

지금 뭐 하고 싶어요?

방학 때 뭐 하고 싶어요?

생일이에요.
생일 선물 뭐 받고 싶어요?

고향 친구가 한국에 와요.
친구하고 뭐 하고 싶어요?

기분이 안 좋아요.
그럼 뭐 하고 싶어요?

친구하고 말해 보세요.
Discuss with your classmates.

버스로 가요.

 ① 버스

 ② 지하철

 ③ 자동차

 ④ 택시

 ⑤ 자전거

 ⑥ 오토바이

 ⑦ 기차

 ⑧ 비행기

TIP
A : 집에 어떻게 가요?
B : 걸어서 가요.

친구하고 묻고 대답해 보세요.
Ask and answer the questions with your classmates.

 집에 어떻게 가요?

버스로 가요.

 고향 집에 어떻게 가요?

인천 공항에서 나리타 공항까지
비행기로 가요.
나리타 공항에서 도쿄 집까지
버스로 가요.

 친구하고 말해 보세요.
Discuss with your classmates.

친구하고 이야기하세요.

①
친구하고 이야기하다

②
이름을 쓰다

③
쉬다

④
23쪽을 읽다

⑤
잘 듣다✪

⑥
문장을 만들다✪

TIP
A : 교실에서 음식을 먹지 마세요.
B : 네.

 게임을 해 보세요.
Play games with your friends.

카드를 읽으세요. '동-(으)세요'를 사용해서 친구한테 지시하세요.
Read the cards and give instructions to your classmates using '동-(으)세요.'

자리에서 일어나다
노래를 하다
인사를 하다
창문을 열다
23쪽을 읽다
춤을 추다
친구 얼굴을 그리다
청소를 하다

목적지에 버스로 어떻게 가는지 알고 싶을 때 어떻게 말해요?
How do you ask how to get somewhere by the bus?

명동에 어떻게 가요?

앤디　미나 씨, 명동에 어떻게 가요?

미나　저기에서 604번 버스를 타세요.

앤디　명동까지 얼마나 걸려요?

미나　30분쯤 걸려요.

앤디　고마워요.

 다음을 이용해서 대화를 만들어 보세요.
Make a dialogue with the information below.

명동	강남	동대문	여의도

604 (30분)	740 (50분)	5714 (40분)	7613 (25분)

 반 친구들하고 자유롭게 이야기해 보세요. ➡ p.202
Discuss freely with your classmates.

목적지에 지하철로 어떻게 가는지 알고 싶을 때 어떻게 말해요?
How do you ask how to get somewhere by the subway?

인사동에 어떻게 가요?

328
안 국
Anguk
安 國

329 종로3가
Jongno 3(sam)-ga Station

327 경복궁
Gyeongbokgung Palace

ⓘ **종합관광안내센터**
Tourist Information / 旅游咨询 / 観光案内

완　　실례합니다. 인사동에 어떻게 가요?

직원　지하철 2호선을 타세요.

　　　그리고 을지로3가 역에서 3호선으로 갈아타세요.

완　　어디에서 내려요?

직원　안국 역에서 내리세요.

완　　감사합니다.

 다음을 이용해서 대화를 만들어 보세요.
Make a dialogue with the information below.

인사동

3
● 안국

을지로3가

신촌

2

명동

동대문역사
문화공원

신촌

② 명동

상암 월드컵경기장

⑥

월드컵경기장

신촌

② 합정

교보문고

광화문

충정로

신촌 ②

⑤

고속버스 터미널

③

을지로3가 ②

신촌

고속터미널

반 친구들하고 자유롭게 이야기해 보세요. → p.202
Discuss freely with your classmates.

목적지까지 가는 교통수단과 걸리는 시간을 알고 싶을 때 어떻게 말해요?
How do you ask about transportation options to your destination and the time it takes to get there?

얼마나 걸려요?

부산

앤디	바야르 씨, 방학 때 부산에 여행 가고 싶어요.
	부산에 어떻게 가요?
바야르	KTX로 가세요.
앤디	부산까지 얼마나 걸려요?
바야르	KTX로 세 시간쯤 걸려요.
앤디	아, 그래요? 고마워요.

다음을 이용해서 대화를 만들어 보세요.
Make a dialogue with the information below.

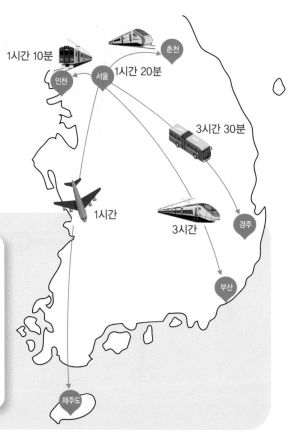

1시간 10분

1시간 20분

춘천

인천

서울

3시간 30분

3시간

경주

1시간

부산

제주도

부산	KTX (세 시간)
인천	지하철 (한 시간 십 분)
춘천	ITX (한 시간 이십 분)
경주	고속버스 (세 시간 반)
제주도	비행기 (한 시간)

반 친구들하고 자유롭게 이야기해 보세요. ➡ p.202
Discuss freely with your classmates.

준비

관광지 정보 카드와 활동지를 받으세요.

활동

친구가 가지고 있는 카드의 관광지 정보를 물어보세요. 친구의 대답을 듣고 활동지를 완성하세요.

어디 알아요?

북촌 한옥마을 알아요.

북촌 한옥마을에 가고 싶어요.
어떻게 가요?

신촌 역에서 지하철 2호선을 타세요.
…

시간이 얼마나 걸려요?

45분쯤 걸려요.

거기에서 뭐 해요?

한옥을 구경해요.

활동지

북촌 한옥마을	서울숲	덕수궁
☆ 을지로3가/안국 ☆ 45분 ☆ 한옥/한복	☆ ☆ ☆	☆ ☆ ☆
N 서울타워	동대문 디자인 플라자	한강 공원
☆ ☆ ☆	☆ ☆ ☆	☆ ☆ ☆
국립 중앙 박물관	코엑스	롯데월드
☆ ☆ ☆	☆ ☆ ☆	☆ ☆ ☆

관광지 정보 카드

북촌 한옥마을

🚇 신촌 역 → 을지로3가 역 → 안국 역
　　　　　　(2호선)　　　(3호선)

⏱ 45분

☐ 한옥을 구경하다
☐ 한복을 입다
☐ 사진을 찍다

정보 카드

정리

반 친구들하고 어디에 제일 가고 싶은지 이야기해 보세요.

읽기 전

집이 어디예요? 집이 학교에서 가까워요? 학교에 어떻게 가요?

완 씨는 학교에 걸어서 가요. 수잔 씨는 학교에 지하철로 가요.

읽기

 앤디 씨는 요즘 어떻게 학교에 가요?

　앤디 씨는 지난달부터 학교에 다녀요. 수업이 아홉 시에 시작해요. 그런데 앤디 씨 집이 학교에서 멀어요. 그래서 첫날 앤디 씨는 버스로 학교에 갔어요. 왜냐하면 버스 정류장이 집에서 가까워요. 그런데 길이 많이 막혔어요. 집에서 학교까지 50분 걸렸어요. 그래서 수업 시간에 늦었어요.

　다음 날 앤디 씨는 지하철을 탔어요. 지하철역은 집에서 조금 멀어요. 지하철역까지 많이 걸었어요. 그런데 지하철이 아주 빨랐어요. 25분쯤 걸렸어요. 그래서 학교에 일찍 도착했어요.

　앤디 씨는 요즘 지하철로 학교에 가요. 이제 학교에 안 늦어요.

가 표를 완성하세요.
Complete the following table.

첫날

첫날 (버스)로 학교에 갔어요.

버스 정류장이 집에서 (멀어요, 가까워요).

길이 (막혔어요, 안 막혔어요).

집에서 학교까지 (　　　)분 걸렸어요.

수업 시간에 (늦었어요, 안 늦었어요).

다음 날

다음 날 (　　　)을 탔어요.

지하철역이 집에서 (멀어요, 가까워요).

지하철이 (빨랐어요, 안 빨랐어요).

집에서 학교까지 (　　　)분 걸렸어요.

학교에 (늦었어요, 안 늦었어요).

나 친구하고 질문하고 답하세요.
Ask and answer the questions with your classmates.

1. 앤디 씨는 첫날 버스를 탔어요.
   학교에 일찍 도착했어요?

2. 앤디 씨 집에서 지하철역까지 가까워요?

3. 앤디 씨는 다음 날 지하철을 탔어요.
   뭐가 좋았어요?

4. 앤디 씨 집에서 학교까지 얼마나 걸렸어요?
   버스 :　　　　　지하철 :

5. 앤디 씨는 요즘 어떻게 학교에 가요? 왜요?

다 빈칸에 알맞은 단어를 쓰세요.
Fill in the blanks with the most appropriate words.

　　앤디 씨는 첫날 버스로 학교에 갔어요. 왜냐하면 ㅂ＿＿＿＿＿＿＿이 앤디 씨 집에서 가까워요.

그런데 길이 많이 ㅁ＿＿＿＿＿＿＿. 그래서 수업 시간에 ㄴ＿＿＿＿＿＿＿.

　　다음 날 앤디 씨는 지하철로 학교에 갔어요. 지하철역은 집에서 조금 ㅁ＿＿＿＿＿＿＿. 그런데

학교에 일찍 도착했어요. 왜냐하면 지하철이 아주 ㅃ＿＿＿＿＿＿＿.

　　앤디 씨는 요즘 지하철로 학교에 가요. 이제 학교에 안 늦어요.

라 다음 그림을 보고 이야기해 보세요.
Talk about what you see in the following pictures.

> 앤디 씨는 첫날 버스로 학교에 갔어요.
> 왜냐하면 버스 정류장이 …

 첫날

 다음 날

읽기 후

 집 근처에 어떤 교통수단이 있어요? 친구하고 이야기해 보세요.
What transportation options are there near your house? Discuss with your classmates.

> 집 근처에 지하철역이 있어요?

> 네, 있어요. 걸어서 5분쯤 걸려요.

> 집에서 지하철역이 가까워요?

 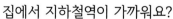   

147

듣기 전

여러분은 서울에서 어디에 가고 싶어요?

듣기

앤디 씨하고 미나 씨가 인사동에 대해서 이야기해요.

신촌 역에서 인사동까지 가는 방법을 이야기해 보세요.

인사동에 지하철로 어떻게 가요?

가 맞으면 O, 틀리면 X 하세요.
Write O if the statement is true and X if it is false.

1. 앤디 씨는 친구들하고 인사동에 갔어요. ( )

2. 인사동까지 버스로 30분쯤 걸려요. ( )

3. 인사동에 가고 싶어요. 그럼 을지로3가 역에서 내려요. ( )

4. 미나 씨는 이번 주말에 약속이 있어요. ( )

5. 앤디 씨는 오늘 인사동에 가요. ( )

나 친구하고 질문하고 답하세요.
Ask and answer the questions with your classmates.

1. 앤디 씨는 어디에 가고 싶어요?

2. 인사동에 가고 싶어요. 그럼 몇 번 버스를 타요?

3. 인사동에 지하철로 어떻게 가요?

4. 신촌에서 인사동까지 시간이 얼마나 걸려요?
버스 :   지하철 :

5. 미나 씨하고 앤디 씨는 이번 주말에 인사동에 가요?

다 잘 듣고 빈칸을 채우세요.
Listen carefully and fill in the blanks.

워크북
p.118

앤디 : 미나 씨, 여기 알아요? 여기가 어디예요?

미나 : 아, 여기요? 인사동이에요.

앤디 : 여기가 인사동이에요? 친구들한테서 이야기를 많이 1. _____.

미나 : 아, 그래요? 저도 인사동에 자주 가요.

앤디 : 정말요? 저도 인사동에 가고 싶어요. 그런데 인사동에 2. _____ 가요?

라 대본을 실감나게 읽어 보세요. ➡p.177
Read the script as realistically as possible.

마 잘 듣고 따라 하세요.
Listen carefully and repeat.

1. 다음 주 어때요?

2. 친구들한테서 이야기를 많이 들었어요.

바 요약문을 읽어 보세요.
Read the summary.

> 신촌에서 인사동까지 버스로 가요. 신촌에서 273번 버스를 타요. 버스로 40분쯤 걸려요. 신촌에서 인사동까지 지하철로 가요. 신촌 역에서 지하철 2호선을 타요. 그리고 을지로3가 역에서 3호선으로 갈아타요. 안국 역에서 내려요. 지하철로 25분쯤 걸려요.

듣기 후

 서울에서 가장 좋아하는 장소가 어디예요? 그 장소에 대해서 발표해 보세요.
What is your favorite place in Seoul? Share the answer with the class.

> 저는 인사동을 좋아해요.
> 주말에 자주 가요.
> 신촌에서 인사동까지 지하철로
> 25분쯤 걸려요.

인사동

단원 마무리

학습 목표

설명하기

문법

1. 동-고 싶어요
A : 어디에 가고 싶어요?
B : 부산에 가고 싶어요.

2. 명(으)로①
A : 집에 버스로 가요? 지하철로 가요?
B : 버스로 가요.

3. 동-(으)세요①
A : 명동에 어떻게 가요?
B : 604번 버스를 타세요.

어휘와 표현

말하기

교통수단
● 버스
● 지하철
● 자동차
● 택시
● 자전거
● 오토바이
● 기차
● 비행기
◆ 걸어서

문법
◆ 친구하고 놀다
◆ 방학 때
● 선물
□ 어떻게 가요?
◆ 공항에서 집까지
◆ 이름을 쓰다
■ 쉬다
◆ 23쪽
◆ 잘 듣다
◆ 문장을 만들다
◆ 자리에서 일어나다
◆ 인사를 하다
◆ 창문을 열다
◆ 친구 얼굴을 그리다

대화
◆ 저기
■ 타다
□ 얼마나 걸려요?
◆ 30분쯤
◆ 2호선
■ 갈아타다
■ 내리다
● KTX
◆ 세 시간
● ITX
● 고속버스

읽고 말하기

■ 다니다
■ 시작하다
▲ 멀다
● 첫날
◆ 왜냐하면
● 정류장
▲ 가깝다
◆ 길이 막히다
■ 늦다
◆ 다음 날
● 지하철역
◆ 조금
■ 걷다
▲ 빠르다
◆ 일찍
■ 도착하다
◆ 요즘
◆ 이제

듣고 말하기

◆ 친구들한테서
◆ 자주
□ 정말요?
□ 와!
□ 다음 주 어때요?

● 명사　■ 동사　▲ 형용사　◆ 기타　□ 표현

확인

1. 원하는 것을 말할 수 있어요.
I can say what I want to have.
☆☆☆

2. 대중교통으로 목적지에 가는 방법과 걸리는 시간을 말할 수 있어요.
I can say how to get somewhere by public transportation and how long it takes to get there.
☆☆☆

3. 다른 사람의 지시를 이해할 수 있어요.
I can understand other people's instructions.
☆☆☆

6

내일 등산하러 갈 거예요

계획 말하기

 친구하고 말해 보세요.
Discuss with your classmates.

사과를 사러 마트에 가요.

①  마트

②  도서관

③  친구 집

④  체육관

 친구하고 묻고 대답해 보세요.
Ask and answer the questions with your classmates.

 어디에 가요?

커피를 사러 편의점에 가요.

환전을 하러 은행에 가요.

커피를 사다	환전을 하다
사진을 찍다	옷을 바꾸다
택배를 보내다	머리를 자르다

 친구하고 말해 보세요.
Discuss with your classmates.

비빔밥이나 김치찌개를 먹어요.

❶  먹다

비빔밥　　김치찌개

❷  마시다

커피　　주스

❸  가다

공원　　쇼핑몰

❹  책을 읽다

카페　　도서관

 친구하고 묻고 대답해 보세요.
Ask and answer the questions with your classmates.

아침에 보통 뭐 먹어요?

샌드위치나 김밥을 먹어요.

밥이나 빵을 먹어요.

아침에 보통 뭐 먹어요?	카페에서 보통 뭐 마셔요?
시간이 있어요. 그럼 뭐 배우고 싶어요?	수업 후에 어디에서 공부해요?
친구를 만나요. 그럼 보통 어디에 가요?	부산에 어떻게 가요?

올해 는 _____ 년이에요.

내년 : _____ 년

다음 달

8월

일	월	화	수	목	금	토
					1	2
3	4	5	6	7	8	9
10	11	12	13	14	15	16
17	18	19	20	21	22	23
24/31	25	26	27	28	29	30

두 달 후

9월

일	월	화	수	목	금	토
	1	2	3	4	5	6
7	8	9	10	11	12	13
14	15	16	17	18	19	20
21	22	23	24	25	26	27
28	29	30				

이번 달 **7**월

일요일	월요일	화요일	수요일	목요일	금요일	토요일
		1	2	3	4	5
6	7	8	9	10	11	12
13	14	15	16	17	18	19
20	21	22	23	24	25	26
27	28	29	30	31		

오늘 (16) 내일 (17) 2일 후 (18)

이번 주

다음 주

2주 후

 친구하고 말해 보세요.
Discuss with your classmates.

등산할 거예요.

①  등산하다

②  영어를 가르치다

③  책을 읽다

④  노래를 듣다✪

⑤  친구하고 놀다✪

⑥  점심을 먹으러 가다

 친구하고 묻고 대답해 보세요.
Ask and answer the questions with your classmates.

 내일 뭐 할 거예요?

시험공부할 거예요.

친구하고 쇼핑할 거예요.

책을 빌리러 도서관에 갈 거예요.

내일	이번 주말	다음 주
다음 달	두 달 후	내년

친구가 어디에 가는지, 뭐 하러 가는지 알고 싶을 때 어떻게 말해요?
How do you ask someone where they're going and what they're going to do?

어디에 가요?

사라   앤디 씨, 어디에 가요?

앤디   공원에 가요.

사라   산책하러 가요?

앤디   아니요, 자전거를 타러 가요.

다음을 이용해서 대화를 만들어 보세요.
Make a dialogue with the information below.

공원	도서관	카페	쇼핑몰

산책하다	책을 빌리다	커피를 마시다	옷을 사다
자전거를 타다	책을 읽다	친구를 만나다	구경하다

반 친구들하고 자유롭게 이야기해 보세요. ➡ p.203
Discuss freely with your classmates.

친구가 이번 주 토요일에 뭐 할 건지 알고 싶을 때 어떻게 말해요?
How do you ask someone what they're going to do this Saturday?

> 이번 주 토요일에 뭐 할 거예요?

완   이번 주 토요일에 뭐 할 거예요?

한스   등산하러 갈 거예요.

완   어디에 갈 거예요?

한스   북한산이나 관악산에 갈 거예요.

다음을 이용해서 대화를 만들어 보세요.
Make a dialogue with the information below.

등산하다

북한산   관악산

쇼핑하다

명동   홍대

영화(를) 보다

코엑스   용산

사진(을) 찍다

서울숲   한강 공원

반 친구들하고 자유롭게 이야기해 보세요.  p.203
Discuss freely with your classmates.

친구의 휴가가 언제인지, 휴가 때 뭐 할 건지 알고 싶을 때 어떻게 말해요?
How do you ask someone when they are on vacation and what they are doing for vacation?

가브리엘	휴가가 언제예요?
수잔	이번 주 금요일부터 다음 주 화요일까지예요.
가브리엘	휴가 때 뭐 할 거예요?
수잔	부산에 갈 거예요.
가브리엘	부산에서 뭐 할 거예요?
수잔	해운대에 갈 거예요.

 다음을 이용해서 대화를 만들어 보세요.
Make a dialogue with the information below.

해운대에 가다	시티투어버스를 타다
서핑을 하다	부산 음식을 먹다
사진을 찍다	친구하고 놀다

 반 친구들하고 자유롭게 이야기해 보세요. p.203
Discuss freely with your classmates.

준비

여러분은 한국에서 어디에 가고 싶어요? 뭐 하고 싶어요?
버킷 리스트에 한국에서 할 것을 쓰세요.

버킷 리스트

1	롯데월드에 갈 거예요. 거기에서 바이킹을 탈 거예요.
2	제주도에 가고 싶어요. 드라이브를 할 거예요.
3	한국 요리를 배울 거예요. 잡채를 배우고 싶어요.
4	

활동

1. 친구들하고 이야기하세요.

2. 친구의 버킷 리스트를 듣고 같이 해 보고 싶은 활동에 하트♥스티커를 붙여 주세요.

앤디 씨는 한국에서 버킷 리스트가 뭐예요?

롯데월드에 갈 거예요. 거기에서 바이킹을 탈 거예요.
그리고 제주도에 가고 싶어요. 그리고 …

사라 씨는요?

…

정리

하트를 가장 많이 받은 활동이 뭐예요? 이야기해 보세요.

읽기 전

수업 후에 어디에 가요? 거기에서 뭐 해요?

사라 씨의 블로그예요. 사라 씨가 한국 생활을 소개해요.

읽기

 사라 씨는 이번 주말에 뭐 할 거예요?

← ↻ 🔗 www.blognaver.com/사라 ⊞ ≡

사라의 한국 생활

≡ 내 블로그 | 이웃 블로그 | 블로그 홈   Search 🔍

저는 한국 영화를 아주 좋아해요. 그래서 지난달에 한국어를 배우러 한국에 왔어요. 오전에 한국어를 배워요. 그리고 오후에 아르바이트를 해요.

학교에서 새 친구들을 많이 만났어요. 친구들하고 한국어로 이야기해요. 그래서 한국어 수업이 아주 재미있어요. 수업 후에 반 친구들하고 점심을 먹으러 식당에 가요. 학생 식당이 나 학교 근처 식당에서 식사해요. 그리고 낮잠을 자러 집에 가요.

주중에는 저녁에 아르바이트하러 카페에 가요. 2주 전부터 카페에서 아르바이트를 시작 했어요. 집에서 카페까지 걸어서 15분쯤 걸려요. 카페 앞에 공원이 있어요. 공원에 사람이 많아요. 그래서 카페에 손님이 많아요. 아주 바빠요.

주말에는 보통 집에서 영화를 봐요. 하지만 이번 주말에는 반 친구를 만날 거예요. 친구 하고 같이 한국어를 공부할 거예요. 왜냐하면 다음 주에 시험이 있어요.

가 사라 씨는 수업 후에 어디에 가요? 거기에 왜 가요?
Where does Sarah go after class? Why does she go there?

| 학교 | ➡ | 식당 | ➡ | | ➡ | |

✔ 점심 식사하러 가요.
❷ 친구를 만나러 가요.

❶ 숙제하러 가요.
❷ 낮잠을 자러 가요.

❶ 아르바이트하러 가요.
❷ 커피를 마시러 가요.

나 친구하고 질문하고 답하세요.
Ask and answer the questions with your classmates.

1. 사라 씨는 한국에 왜 왔어요?

2. 사라 씨는 수업 후에 어디에서 식사해요?

3. 사라 씨는 식사 후에 집에 뭐 하러 가요?

4. 카페에 왜 손님이 많아요?

5. 사라 씨는 이번 주말에 뭐 할 거예요? 왜요?

다 빈칸에 알맞은 단어를 쓰세요.
Fill in the blanks with the most appropriate words.

　　저는 지난달에 한국어를 ㅂ_____ 한국에 왔어요. 주중에는 오전에 한국어를 배워요. 그
리고 오후에 아르바이트해요. 보통 수업 후에 친구들하고 점심을 ㅁ_____ 식당에 가요. 그리
고 낮잠을 ㅈ_____ 집에 가요. 그리고 저녁에 ㅇ_____ 카페에 가요.

　　주말에는 보통 집에서 영화를 봐요. 하지만 이번 주말에는 친구하고 같이 한국어를 ㄱ_____
거예요. 왜냐하면 다음 주에 시험이 있어요.

라 다음 그림을 보고 이야기해 보세요.
Talk about what you see in the following pictures.

> 사라 씨는 수업 후에 반 친구들하고
> 점심을 먹으러 식당에 가요.
> 학생 식당이나 학교 근처 식당에서 식사해요.

읽기 후

 수업 후에 어디에 가요? 보통 주말에 뭐 해요? 이번 주말에는 뭐 할 거예요? 친구하고 이야기해 보세요.
Where do you go after class? What do you usually do on the Weekends? What are you going to do this weekend? Discuss with your classmates.

> 수업 후에 어디에 가요?

> 식사하러 어디에 가요?

> 보통 뭐 먹어요?

듣기 전

방학이 언제예요? 방학 때 뭐 할 거예요?

듣기

미나 씨는 방학 때 유럽에 여행 갈 거예요.

한국인에게 물어봤어요.
유럽에서 어디에 여행 가고 싶어요?

프랑스	파리
영국	런던
스페인	바르셀로나
이탈리아	로마
체코	프라하
독일	프랑크푸르트
이탈리아	베네치아
네덜란드	암스테르담

🎧 미나 씨는 어느 나라에 여행 갈 거예요?

가 맞으면 O, 틀리면 X 하세요.
Write O if the statement is true and X if it is false.

1. 미나 씨는 프랑스하고 스페인에 여행 갈 거예요.   (   )

2. 미나 씨는 혼자 여행 갈 거예요.   (   )

3. 미나 씨는 파리에서 호텔에 있을 거예요.   (   )

4. 미나 씨는 파리에서 쇼핑을 안 할 거예요.   (   )

5. 미나 씨는 이탈리아에서 사진을 많이 찍을 거예요.   (   )

나 친구하고 질문하고 답하세요.
Ask and answer the questions with your classmates.

1. 미나 씨는 방학 때 뭐 할 거예요?

2. 미나 씨는 어느 나라에 갈 거예요?

3. 미나 씨는 파리에서 어디에 있을 거예요?

4. 미나 씨는 파리에서 뭐 할 거예요?

5. 미나 씨는 이탈리아에서 어디에 갈 거예요?

다 잘 듣고 빈칸을 채우세요.
Listen carefully and fill in the blanks.

워크북
p.128

앤디 : 미나 씨, 이번 방학 때 뭐 할 거예요?

미나 : 유럽에 여행 갈 거예요.

앤디 : 1. _____ 여행 갈 거예요?

미나 : 네, 그런데 프랑스 파리에 친구가 있어요. 그래서 친구 집에 2. _____ 거예요.

167

라 대본을 실감나게 읽어 보세요. ➡ p.177
Read the script as realistically as possible.

마 잘 듣고 따라 하세요.
Listen carefully and repeat.

1. 여행 잘 다녀오세요.

2. 박물관에 갈 거예요.

바 요약문을 읽어 보세요.
Read the summary.

> 미나 씨는 방학 때 유럽에 갈 거예요. 프랑스하고 이탈리아에 갈 거예요. 파리에서 박물관에 갈 거예요. 그리고 쇼핑도 할 거예요. 이탈리아에서는 로마나 베네치아에 갈 거예요. 거기에서 사진을 많이 찍을 거예요.

듣기 후

 어느 나라에 여행 가고 싶어요? 거기에서 뭐 할 거예요? 친구하고 이야기해 보세요.
What country do you want to travel to? What are you going to do there? Discuss with your classmates.

어느 나라에 여행 가고 싶어요?

거기에서 뭐 할 거예요?

일본에 가고 싶어요.

도쿄에 갈 거예요. 그리고 일본 음식도 먹을 거예요.

일본

태국

미국

브라질

단원 마무리

학습 목표

계획 말하기

문법

1. 동 -(으)러 가요

A : 어디에 가요?
B : 산책하러 공원에 가요.

2. 명 (이)나

A : 아침에 뭐 먹어요?
B : 사과나 바나나를 먹어요.

3. 동 -(으)ㄹ 거예요

A : 내일 뭐 할 거예요?
B : 영화를 볼 거예요.

어휘와 표현

말하기

미래 시간
- 내일
- ◆ 2일 후
- ◆ 다음 주
- ◆ 다음 달
- 내년

문법
- ◆ 환전을 하다
- ◆ 사진을 찍다
- ◆ 옷을 바꾸다
- ◆ 택배를 보내다
- ◆ 머리를 자르다
- 쇼핑몰
- 영어

대화
- ■ 구경하다
- ◆ 휴가
- ◆ 서핑을 하다
- ◆ 시티투어버스를 타다

읽고 말하기

- ◆ 아르바이트를 하다
- □ 새 친구들
- □ 반 친구들
- ◆ 낮잠을 자다
- ◆ 주중
- 손님
- ◆ 이번

듣고 말하기

- 유럽
- 혼자
- 박물관
- □ 그리고 또
- ◆ 파리에만
- ◆ 이탈리아에도
- 로마
- 베네치아
- ◆ 나중에
- □ 사진을 보여 주세요.
- □ 여행 잘 다녀오세요.

● 명사　■ 동사　▲ 형용사　◆ 기타　□ 표현

확인

1. 어디에, 뭐 하러 가는지 말할 수 있어요.
   I can say where I am going and what I am going to do there.
   ☆☆☆

2. 앞으로 할 일을 말할 수 있어요.
   I can say what I will do in the future.
   ☆☆☆

대중교통
Public Transport

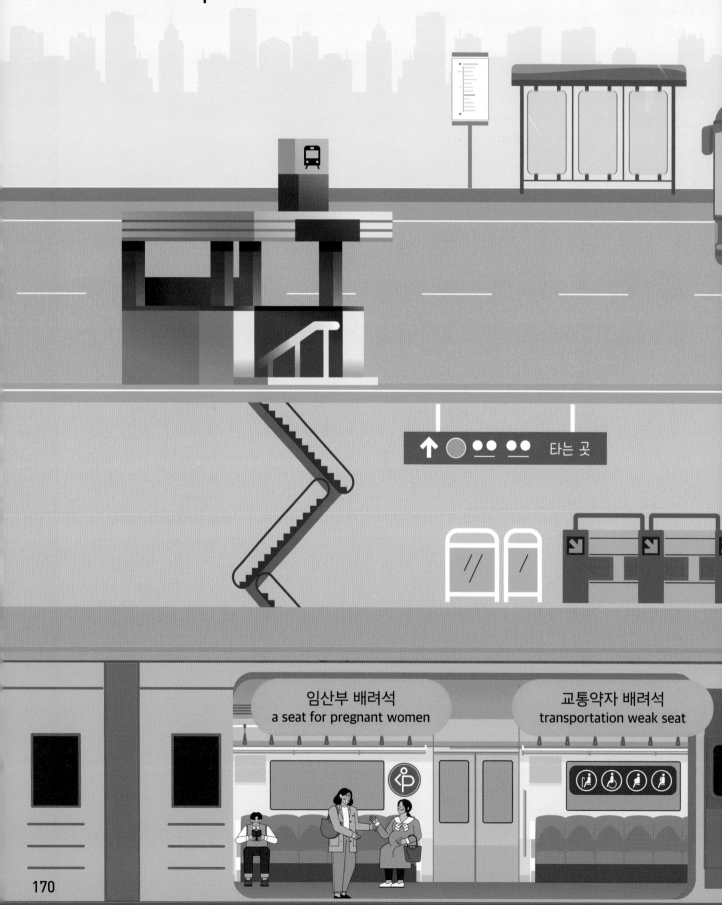

타는 곳

임산부 배려석
a seat for pregnant women

교통약자 배려석
transportation weak seat

한국은 대중교통이 아주 편리해요. 버스와 지하철을 이용해서 목적지까지 편하게 갈 수 있어요. 그리고 버스 정류장이나 지하철역에서 승하차와 관련된 정보를 쉽게 얻을 수 있어요. 대부분의 지역에서 교통카드를 사용할 수 있고, 환승할 때 할인을 받을 수 있어요.

EN
CN
JP
TH
translation

버스
bus

지하철
subway

부록 Appendix

듣고 말하기 한글 대본 Listening and Speaking Korean Transcripts

준비 2 우산이에요 p.33

1. A 이게 뭐예요?
   B 비누예요.
   A 그럼 저게 뭐예요?
   B 수건이에요.

2. A 이게 뭐예요?
   B 숟가락이에요.
   A 그럼 저게 뭐예요?
   B 접시예요.

3. A 이게 뭐예요?
   B 필통이에요.
   A 그럼 저게 뭐예요?
   B 책이에요.

4. A 미나 씨, 이게 한국어로 뭐예요?
   B 우산이에요.
   A 누구 거예요?
   B 사라 씨 거예요.

준비 4 모두 얼마예요? p.53

1. 직원 어서 오세요.
   앤디 사과 얼마예요?
   직원 네 개에 17,000원이에요.
   앤디 포도 얼마예요?
   직원 한 개에 7,800원이에요.
   앤디 그럼, 사과 주세요.

2. 직원 어서 오세요.
   앤디 우유 두 개 주세요. 얼마예요?
   직원 5,700원이에요.
   앤디 라면 다섯 개 주세요. 얼마예요?
   직원 4,500원이에요.
   앤디 모두 얼마예요?
   직원 10,200원이에요.

1 스터디 카페가 어디에 있어요? p.72

앤디 여보세요.

미나 앤디 씨, 안녕하세요? 미나예요.

앤디 안녕하세요? 미나 씨.

미나 앤디 씨, 지금 어디예요?

앤디 학교예요. 스터디 카페에 있어요.

미나 스터디 카페가 어디에 있어요?

앤디 A빌딩에 있어요.

미나 A빌딩에 스터디 카페가 있어요?

앤디 네, 3층에 있어요. 미나 씨는 지금 어디에 있어요?

미나 저는 학교 앞 식당에 있어요.

앤디 아, 네.

미나 참! 앤디 씨, 4월 15일에 시간이 있어요?

앤디 4월… 15일… 네, 있어요. 왜요?

미나 4월 15일이 제 생일이에요.

앤디 아, 그래요?

미나 제 친구들하고 같이 식사해요.

앤디 네, 좋아요.

2 내일 저녁 여섯 시에 시간이 있어요? p.90

앤디 완 씨, 내일 뭐 해요? 내일 저녁에 시간 있어요? 같이 식사해요.

완 내일 공항에 가요. 친구가 한국에 와요.

앤디 몇 시에 공항에 가요?

완 오후 5시에 공항에 가요.

앤디 아, 그래요?

앤디 사라 씨, 내일 저녁 6시에 시간이 있어요?

사라 왜요?

앤디 제 친구하고 같이 식사해요.

사라 미안해요. 내일 저녁에 약속이 있어요. 바야르 씨하고 영화관에 가요.

앤디 아, 그래요?

사라 미안해요. 다음에 같이 식사해요.

앤디 한스 씨….

한스 네, 앤디 씨.

앤디 내일 오후에 회사에 가요?

한스 아니요, 왜요?

앤디 그럼 내일 저녁 6시에 시간 있어요?

한스 저녁 6시… 네, 있어요.

앤디 내일 제 친구하고 같이 식사해요. 서강대학교 학생이에요.

한스 그래요? 좋아요. 내일 같이 만나요.

듣고 말하기 한글 대본 Listening and Speaking Korean Transcripts

3 같이 영화관에 가요 p.110

사라 앤디 씨.

앤디 네, 사라 씨.

사라 오늘 바빠요?

앤디 아니요, 왜요?

사라 영화 좋아해요?

앤디 네, 좋아해요.

사라 그럼 같이 영화관에 가요. 영화표가 있어요.

앤디 그래요? 무슨 영화예요?

사라 '해리포터'예요.

앤디 그 영화가 재미있어요?

사라 네, 아주 재미있어요.

앤디 그래요? 좋아요. 같이 봐요.

사라 그럼 6시에 용산 CGV에서 만나요.

앤디 미안해요. 제가 용산 CGV를 몰라요.

사라 음, 용산 역 알아요?

앤디 네, 알아요.

사라 그럼 용산 역 1번 출구에서 만나요.

4 수잔 씨 집에서 뭐 했어요? p.128

하루카 가브리엘 씨, 어제 수잔 씨 집에 갔어요?

가브리엘 네, 갔어요. 파티가 아주 재미있었어요.

하루카 그래요? 수잔 씨 집에서 뭐 했어요?

가브리엘 이야기를 많이 했어요. 그리고 음악도 들었어요.

하루카 우와, 저녁도 먹었어요?

가브리엘 네, 수잔 씨가 한국 음식을 만들었어요. 그래서 다 같이 한국 음식을 먹었어요.

하루카 몇 시에 집에 갔어요?

가브리엘 파티가 11시에 끝났어요. 그래서 11시 반에 집에 갔어요.

하루카 11시 반에요?

가브리엘 네, 그런데 하루카 씨는 어제 왜 파티에 안 왔어요?

하루카 어제 바빴어요.

가브리엘 일본어 수업이 있었어요?

하루카 네, 일본어를 가르쳤어요.

가브리엘 아, 그래요? 친구들이 하루카 씨를 기다렸어요.

하루카 미안해요. 밤 9시에 일이 끝났어요.

가브리엘 아니에요. 다음에 친구들하고 같이 식사해요.

하루카 좋아요.

5 273번 버스를 타세요   p.148

앤디　미나 씨, 여기 알아요? 여기가 어디예요?

미나　아, 여기요? 인사동이에요.

앤디　여기가 인사동이에요? 친구들한테서 이야기를 많이 들었어요.

미나　아, 그래요? 저도 인사동에 자주 가요.

앤디　정말요? 저도 인사동에 가고 싶어요. 그런데 인사동에 어떻게 가요?

미나　신촌에서 273번 버스를 타세요. 버스로 40분쯤 걸려요.

앤디　와, 시간이 많이 걸려요.

미나　그래요? 그럼 지하철로 가세요.

앤디　지하철로 어떻게 가요?

미나　신촌 역에서 지하철 2호선을 타세요. 그리고 을지로3가 역에서 3호선으로 갈아타세요.

앤디　어디에서 내려요?

미나　안국 역에서 내리세요.

앤디　지하철은 시간이 얼마나 걸려요?

미나　25분쯤 걸려요.

앤디　와, 지하철이 빨라요. 그런데 미나 씨, 혹시 주말에 시간이 있어요? 미나 씨하고 인사동에 같이 가고 싶어요.

미나　미안해요, 앤디 씨. 이번 주말에는 약속이 있어요. 다음 주 어때요?

앤디　좋아요. 그럼 다음 주에 같이 가요.

6 유럽에 여행 갈 거예요   p.166

앤디　미나 씨, 이번 방학 때 뭐 할 거예요?

미나　유럽에 여행 갈 거예요.

앤디　혼자 여행 갈 거예요?

미나　네, 그런데 프랑스 파리에 친구가 있어요. 그래서 친구 집에 있을 거예요.

앤디　파리에 친구가 있어요?

미나　네, 작년에 공부하러 파리에 갔어요.

앤디　아, 그래요? 파리에서 뭐 할 거예요?

미나　박물관에 갈 거예요.

앤디　박물관요? 그리고 또 뭐 할 거예요?

미나　쇼핑을 할 거예요. 그리고 프랑스 음식도 많이 먹을 거예요.

앤디　파리에만 있을 거예요?

미나　아니요, 이탈리아에도 갈 거예요.

앤디　이탈리아에서는 어디에 갈 거예요?

미나　로마나 베네치아에 갈 거예요. 이탈리아에서 사진을 많이 찍을 거예요.

앤디　그럼 나중에 사진을 보여 주세요.

미나　네, 좋아요.

앤디　여행 잘 다녀오세요.

미나　감사합니다.

준비 1 반갑습니다

문법 명 이에요/예요   p.18

👥 친구하고 말해 보세요.

① 앤디예요. 미국 사람이에요.
② 미나예요. 한국 사람이에요.
③ 렌펑이에요. 중국 사람이에요.
④ 완이에요. 태국 사람이에요.
⑤ 하루카예요. 일본 사람이에요.
⑥ 한스예요. 독일 사람이에요.

읽고 말하기   p.24

가 1. O   2. X   3. X   4. O

나 1. 앤디 씨는 미국 사람이에요.
   2. 앤디 씨는 운동 좋아해요.
   3. 하루카 씨는 일본어 선생님이에요.
   4. 하루카 씨는 드라마 좋아해요.

준비 2 한국어 책이에요

👥 친구하고 말해 보세요.   p.28

책이에요.   공책이에요.   필통이에요.
연필이에요.   샤프예요.   볼펜이에요.
지우개예요.   수정 테이프예요.   가위예요.

👥 친구하고 말해 보세요.   p.29

가방이에요.   우산이에요.   달력이에요.
책상이에요.   의자예요.   시계예요.
노트북이에요.   텔레비전이에요.   에어컨이에요.

듣고 말하기   p.34

가 1. ❷   2. ❹   3. ❷   4. ❸

준비 3 핸드폰 있어요?

문법 명 있어요/없어요   p.38

👥 친구하고 말해 보세요.

① 책 있어요.   ② 안경 없어요.
③ 컴퓨터 있어요.   ④ 시계 없어요.
⑤ 핸드폰 있어요.   ⑥ 텔레비전 없어요.

👥 친구하고 묻고 대답해 보세요.

A : 지금 핸드폰 있어요?
예 B : 네, 핸드폰 있어요. / 아니요, 핸드폰 없어요.

A : 지금 선글라스 있어요?
예 B : 네, 선글라스 있어요. / 아니요, 선글라스 없어요.

A : 지금 충전기 있어요?
예 B : 네, 충전기 있어요. / 아니요, 충전기 없어요.

A : 지금 우산 있어요?
예 B : 네, 우산 있어요. / 아니요, 우산 없어요.

A : 지금 교통카드 있어요?
예 B : 네, 교통카드 있어요. / 아니요, 교통카드 없어요.

A : 지금 여권 있어요?
예 B : 네, 여권 있어요. / 아니요, 여권 없어요.

읽고 말하기   p.43

가 1. 이오팔공
   2. 이삼칠사 칠사오육 팔칠삼이 이사삼칠
   3. 육사칠 구일공이팔팔 공공칠공칠
   4. 칠   5. 십사, 일
   6. 구   7. 이
   8. 육   9. 백오

준비 4 커피 주세요

문법 명 주세요   p.48

👥 친구하고 말해 보세요.

① 커피 주세요.   ② 물 주세요.
③ 콜라 주세요.   ④ 오렌지 주스 주세요.
⑤ 레몬차 주세요.   ⑥ 녹차 주세요.

😀 메뉴판을 보고 주문해 보세요.

A : 김밥 주세요.　　　　A : 떡볶이 주세요.
B : 여기 있어요.　　　　B : 여기 있어요.

A : 어묵 주세요.　　　　A : 순대 주세요.
B : 여기 있어요.　　　　B : 여기 있어요.

A : 핫도그 주세요.　　　A : 샌드위치 주세요.
B : 여기 있어요.　　　　B : 여기 있어요.

듣고 말하기　　　　　　　　　　　　　　p.54

가　1. ❸　　　　　2. ❷

1　앤디 씨가 식당에 있어요

문법1 명이/가　　　　　　　　　　　　p.60

😀 문장을 완성하고 친구하고 말해 보세요.

❶ 이 - 이름이 앤디예요.
❷ 가 - 의자가 두 개 있어요.
❸ 이 - 학생이 세 명 있어요.
❹ 이 - 직업이 요리사예요.
❺ 이 - 오늘이 6월 25일이에요.
❻ 가 - 전화번호가 02-705-8088이에요.

😀 친구하고 묻고 대답해 보세요.

A : 이름이 뭐예요?
예 B : 앤디예요.

A : 직업이 뭐예요?
예 B : 학생이에요.

A : 오늘이 며칠이에요?
예 B : 오늘이 6월 25일이에요.

A : 전화번호가 몇 번이에요?
예 B : 02-705-8088이에요.

A : 학생이 몇 명 있어요?
예 B : 학생이 세 명 있어요.

A : 의자가 몇 개 있어요?
예 B : 의자가 두 개 있어요.

문법2 명에 있어요　　　　　　　　　　p.62

😀 친구하고 말해 보세요.

❶ 미나 씨가 영화관에 있어요.
❷ 바야르 씨가 식당에 있어요.
❸ 한스 씨가 회사에 있어요.
❹ 앤디 씨가 서점에 있어요.
❺ 수잔 씨가 우체국에 있어요.

😀 친구하고 묻고 대답해 보세요.

A : 은행이 어디에 있어요?
B : 은행이 1층에 있어요.

A : 화장실이 어디에 있어요?
B : 화장실이 2층에 있어요.

A : 대사관이 어디에 있어요?
B : 대사관이 3층에 있어요.

A : 카페가 어디에 있어요?
B : 카페가 4층에 있어요.

A : 서점이 어디에 있어요?
B : 서점이 5층에 있어요.

A : 영화관이 어디에 있어요?
B : 영화관이 6층에 있어요.

A : 식당이 어디에 있어요?
B : 식당이 7층에 있어요.

A : 편의점이 어디에 있어요?
B : 편의점이 지하 1층에 있어요.

문법3 명 명에 있어요　　　　　　　　p.63

😀 친구하고 말해 보세요.

❶ 노트북이 책상 위에 있어요.
❷ 핸드폰이 노트북 옆/오른쪽에 있어요.
❸ 의자가 책상 앞에 있어요.
❹ 고양이가 책상 뒤에 있어요.
❺ 컵이 노트북 옆/왼쪽에 있어요.
❻ 쓰레기통이 책상 아래에 있어요.

😀 친구하고 묻고 대답해 보세요.

Ⓐ A : 강아지가 어디에 있어요?
　 B : 강아지가 침대 위에 있어요.

　 A : 모자가 어디에 있어요?
　 B : 모자가 책상 위에 있어요.

　 A : 우산이 어디에 있어요?
　 B : 우산이 침대 옆/왼쪽에 있어요.

B A : 가방이 어디에 있어요?

   B : 가방이 침대 앞에 있어요.

   A : 컵이 어디에 있어요?

   B : 컵이 책상 위에 있어요.

   A : 쓰레기통이 어디에 있어요?

   B : 책상 아래에 있어요.

읽고 말하기   p.70

가

	완	사라	가브리엘
국적	태국	프랑스	브라질
고향	방콕	파리	상파울루
직업	학생	학생	프로그래머
생일	10월 19일	7월 28일	9월 30일
전화번호	010-2717-3843	010-5920-7245	010-9983-2312
집	광화문	신촌	잠실

나 1. 완 씨가 태국 사람이에요.

   2. 완 씨 생일이 10월 19일이에요.

   3. 사라 씨가 한국 영화를 좋아해요.

   4. 사라 씨 집이 신촌에 있어요. 현대 백화점 뒤에 있어요.

   5. 가브리엘 씨 집이 잠실에 있어요.

   6. 가브리엘 씨 집 앞에 공원이 있어요.

다 친구, 생일, 고향, 집

듣고 말하기   p.73

가 1. X   2. O   3. X   4. O   5. X

나 1. 네, 앤디 씨가 지금 학교에 있어요.

   2. 스터디 카페가 A빌딩에 있어요.

   3. 스터디 카페가 3층에 있어요.

   4. 미나 씨가 학교 앞 식당에 있어요.

   5. 네, 앤디 씨가 미나 씨 생일에 시간이 있어요.

다 1. 지금   2. 학교

2   여섯 시에 일어나요

문법1 명에   p.78

친구하고 묻고 대답해 보세요.

❶ 오전 다섯 시 이십 분이에요.

❷ 오전 여덟 시 삼십 분이에요.

❸ 오전 열 시 사십오 분이에요.

❹ 오후 두 시 오십오 분이에요.

❺ 오후 네 시 오십 분이에요.

❻ 오후 아홉 시예요.

문법2 명에 가요   p.79

친구하고 말해 보세요.

❶ 회사에 가요.   ❷ 체육관에 가요.

❸ 식당에 가요.   ❹ 공원에 가요.

❺ 공항에 가요.   ❻ 병원에 가요.

친구하고 묻고 대답해 보세요.

A : 한 시에 어디에 가요?

B : (한 시에) 학생 식당에 가요.

A : 세 시 삼십 분에 어디에 가요?

B : (세 시 삼십 분에) 도서관에 가요.

A : 다섯 시에 어디에 가요?

B : (다섯 시에) 체육관에 가요.

A : 일곱 시에 어디에 가요?

B : (일곱 시에) 집에 가요.

문법3 동-아/어요①   p.81

친구하고 말해 보세요.

❶ 공부해요.   ❷ 일해요.

❸ 요리해요.   ❹ 쇼핑해요.

❺ 운동해요.   ❻ 저녁 식사해요.

친구하고 묻고 대답해 보세요.

A : 오후 세 시에 뭐 해요?

B : (세 시에) 숙제해요.

A : 오후 다섯 시에 뭐 해요?

B : (다섯 시에) 집에 가요.

A : 저녁 여덟 시에 뭐 해요?

B : (여덟 시에) 게임해요.

A : 밤 열한 시에 뭐 해요?

B : (열한 시에) 자요.

머핀을 좋아해요.
샌드위치를 좋아해요.
크루와상을 좋아해요.
베이글을 좋아해요.

👫 친구하고 묻고 대답해 보세요.

A : 운동을 좋아해요?
예 B : 네, 운동을 좋아해요.
　　아니요, 운동을 싫어해요.

A : 영화를 좋아해요?
예 B : 네, 영화를 좋아해요.
　　아니요, 영화를 싫어해요.

A : 드라마를 좋아해요?
예 B : 네, 드라마를 좋아해요.
　　아니요, 드라마를 싫어해요.

A : 한국 음식을 좋아해요?
예 B : 네, 한국 음식을 좋아해요.
　　아니요, 한국 음식을 싫어해요.

A : 춤을 좋아해요?
예 B : 네, 춤을 좋아해요.
　　아니요, 춤을 싫어해요.

A : 커피를 좋아해요?
예 B : 네, 커피를 좋아해요.
　　아니요, 커피를 싫어해요.

문법2 동 -아/어요② p.100

👫 친구하고 말해 보세요.
❶ 친구를 만나요. ❷ 영화를 봐요.
❸ 김밥을 먹어요. ❹ 요가를 배워요.
❺ 커피를 마셔요. ❻ 음악을 들어요.

문법3 명 에서 p.101

👫 친구하고 말해 보세요.
❶ 학교에서 한국어를 공부해요.
❷ 카페에서 커피를 마셔요.
❸ 영화관에서 영화를 봐요.
❹ 테니스장에서 테니스를 배워요.

👫 친구하고 묻고 대답해 보세요.
A : 어디에서 한국어를 공부해요?

읽고 말하기 p.88

가

	미나(서울)	제니(시드니)	한스(베를린)
몇 시예요?	오전 8시	오전 9시	밤 12시
어디에 있어요?	도서관	공원	방
뭐 해요?	공부해요	운동해요	자요

나 1. 서울은 지금 오전 여덟 시예요.
　 2. 미나 씨가 도서관에 있어요.
　 3. 미나 씨가 공부해요. 오후에 시험이 있어요.
　 4. 아니요, 지금 시드니는 오전이에요.
　 5. 제니 씨가 오후에 학교에 가요.
　 6. 지금 베를린은 밤 열두 시예요.
　 7. 한스 씨는 일곱 시에 회의가 있어요.

다 오전, 공부해요, 수업, 길, 자요

듣고 말하기 p.91

가

완
• 오후 5시 : ~~공원(친구)~~
　→ 공항

사라
• ~~오전~~ : 영화관(바야르)
　→ 저녁

한스
• 오후 : ~~회사~~

나 1. 완 씨가 내일 오후 5시에 공항에 가요.
　 2. 완 씨 친구가 한국에 와요.
　 3. 아니요, 사라 씨가 내일 시간이 없어요. 내일 저녁에
　　　약속이 있어요.
　 4. 사라 씨가 바야르 씨하고 영화관에 가요.
　 5. 한스 씨가 내일 시간이 있어요.

다 1. 와요　　2. 오후

3 카페에서 친구를 만나요

문법1 명 을/를 p.98

👫 친구하고 말해 보세요.
아메리카노를 좋아해요.
카페라테를 좋아해요.
밀크티를 좋아해요.
레모네이드를 좋아해요.
와플을 좋아해요.

정답 Answer Key

예 B : 학교에서 한국어를 공부해요.

A : 어디에서 친구를 만나요?

예 B : 교실에서 친구를 만나요.

A : 어디에서 영화를 봐요?

예 B : 영화관에서 영화를 봐요.

A : 어디에서 커피를 마셔요?

예 B : 카페에서 커피를 마셔요.

A : 어디에서 책을 읽어요?

예 B : 도서관에서 책을 읽어요.

A : 어디에서 음악을 들어요?

예 B : 집에서 음악을 들어요.

읽고 말하기   p.108

가

	렌핑	바야르
월요일	체육관/태권도/배워요	도서관/책/빌려요
화요일	친구/점심 식사해요	친구/약속이 있어요
수요일		백화점/쇼핑해요
목요일		
금요일	친구 집/영화/봐요	집/요리해요
토요일		
일요일	게임/해요	여행해요

	한스
월요일	월요일 ~ 금요일
화요일	-오전: 학교/공부해요 -오후: 회사/일해요
수요일	수요일
목요일	-테니스장/테니스/쳐요
금요일	금요일 저녁/친구/만나요
토요일	
일요일	등산해요

나 1. 렌핑 씨는 월요일에 체육관에서 태권도를 배워요.
   2. 렌핑 씨는 친구 집에서 영화를 봐요.
   3. 바야르 씨는 금요일에 불고기를 만들어요.
   4. 바야르 씨는 일요일에 여행해요.
   5. 한스 씨가 오후에 일해요.
   6. 한스 씨는 수요일 오전 7시에 테니스를 쳐요.
   7. 토요일에 세 명 모두 시간이 있어요.

다 태권도, 좋아해요, 빌려요, 만들어요, 바빠요

듣고 말하기   p.111

가 1. X   2. O   3. O   4. X   5. X

나 1. 네, 앤디 씨가 영화를 좋아해요.
   2. 두 사람이 '해리포터'를 봐요.
   3. 그 영화가 아주 재미있어요.
   4. 두 사람이 오늘 6시에 만나요.
   5. 두 사람이 용산 역 1번 출구에서 만나요. 왜냐하면 앤디 씨가 용산 CGV를 몰라요.

다 1. 바빠요?   2. 영화

4   어제 핸드폰을 샀어요

문법1 동 -았/었어요   p.117

친구하고 말해 보세요.

❶ 운동했어요.   ❷ 친구를 만났어요.

❸ 영화를 봤어요.   ❹ 책을 빌렸어요.

❺ 테니스를 배웠어요.   ❻ 음악을 들었어요.

친구하고 묻고 대답해 보세요.

A : 어제 뭐 했어요?

예 B : 친구를 만났어요.

A : 3일 전에 뭐 했어요?

예 B : 옷을 샀어요.

A : 지난주에 뭐 했어요?

예 B : 테니스를 배웠어요.

A : 지난달에 뭐 했어요?

예 B : 학교에서 공부했어요.

A : 두 달 전에 뭐 했어요?

예 B : 부산에 갔어요.

A : 작년에 뭐 했어요?

예 B : 일본어를 배웠어요.

문법2 안 동 형   p.118

친구하고 말해 보세요.

❶ 밥을 안 먹어요.   ❷ 옷을 안 사요.

❸ 커피를 안 마셔요.   ❹ 음악을 안 들어요.

❺ 운동을 안 해요.   ❻ 일을 안 해요.

❼ 날씨가 안 좋아요.   ❽ 교실이 안 조용해요.

👥 친구의 질문에 모두 '아니요'로 대답하세요.

A : 매일 요리해요?

B : 아니요, 매일 요리 안 해요.

A : 매일 커피를 마셔요?

B : 아니요, 매일 커피를 안 마셔요.

A : 주말에 보통 영화를 봐요?

B : 아니요, 주말에 보통 영화를 안 봐요.

A : 어제 친구를 만났어요?

B : 아니요, 어제 친구를 안 만났어요.

A : 요즘 바빠요?

B : 아니요, 요즘 안 바빠요.

A : 피곤해요?

B : 아니요, 안 피곤해요.

문법3 명 도   p.119

👥 친구하고 말해 보세요.

❶ 주말에 보통 쇼핑을 해요. 그리고 운동도 해요.
❷ 주말에 보통 요리해요. 그리고 테니스도 쳐요.
❸ 어제 영화를 봤어요. 그리고 책도 읽었어요.
❹ 어제 친구를 만났어요. 그리고 이야기도 했어요.

👥 친구하고 묻고 대답해 보세요.

A : 보통 수업 후에 뭐 해요?

예 B : 점심을 먹어요. 그리고 커피도 마셔요.

A : 주말에 보통 뭐 해요?

예 B : 책을 읽어요. 그리고 등산도 해요.

A : 공원에서 뭐 해요?

예 B : 운동해요. 그리고 산책도 해요.

A : 어제 카페에서 뭐 했어요?

예 B : 커피를 마셨어요. 그리고 케이크도 먹었어요.

A : 어제 뭐 했어요?

예 B : 쇼핑했어요. 그리고 숙제도 했어요.

A : 어제 뭐 먹었어요?

예 B : 삼겹살을 먹었어요. 그리고 김치찌개도 먹었어요.

읽고 말하기   p.126

가 ❶ → ❹ → ❷ → ❺ → ❸ → ❻

나 1. 수잔 씨는 지난주에 이사했어요. 그래서 집에 친구들
     을 초대했어요.

2. 수잔 씨는 어제 오전에 파티를 준비했어요. 집을 청소
   했어요. 그리고 마트에 갔어요.

3. 수잔 씨는 마트에서 과일을 샀어요. 그리고 주스도 샀
   어요.

4. 친구들이 수잔 씨 집에서 다 같이 저녁을 먹었어요. 이
   야기를 했어요. 노래했어요. 음악을 들었어요. 춤을 췄
   어요.

5. 파티가 밤 11시에 끝났어요.

다 이사했어요, 초대했어요, 저녁, 들었어요, 재미있었어요

듣고 말하기   p.129

가 1. O   2. X   3. O   4. X   5. X

나 1. 어제 수잔 씨 파티가 아주 재미있었어요.

2. 가브리엘 씨가 수잔 씨 집에서 이야기를 많이 했어요.
   그리고 음악도 들었어요. 저녁도 먹었어요.

3. 가브리엘 씨가 11시 반에 집에 갔어요.

4. 하루카 씨가 바빴어요. 그래서 파티에 안 갔어요.

5. 하루카 씨는 어제 밤 9시에 일이 끝났어요.

다 1. 재미있었어요.   2. 들었어요.

5 지하철 2호선을 타세요

문법1 동 -고 싶어요   p.136

👥 친구하고 말해 보세요.

❶ 자고 싶어요.
❷ 집에 가고 싶어요.
❸ 친구하고 놀고 싶어요.
❹ 한국에서 살고 싶어요.
❺ 커피를 마시고 싶어요.
❻ 음악을 듣고 싶어요.

👥 친구하고 묻고 대답해 보세요.

A : 점심에 뭐 먹고 싶어요?

예 B : 김밥을 먹고 싶어요.

A : 지금 뭐 하고 싶어요?

예 B : 집에서 쉬고 싶어요.

A : 방학 때 뭐 하고 싶어요?

예 B : 고향에 가고 싶어요.

A : 생일이에요. 생일 선물 뭐 받고 싶어요?

예 B : 콘서트 표를 받고 싶어요.

A : 고향 친구가 한국에 와요. 친구하고 뭐 하고 싶어요?

예 B : 한강 공원에서 걷고 싶어요.

A : 기분이 안 좋아요. 그럼 뭐 하고 싶어요?

예 B : 케이크를 먹고 싶어요.

문법2 명 (으)로 ①
p.137

🗣 친구하고 말해 보세요.

① 버스로 가요.　　　② 지하철로 가요.

③ 자동차로 가요.　　④ 택시로 가요.

⑤ 자전거로 가요.　　⑥ 오토바이로 가요.

⑦ 기차로 가요.　　　⑧ 비행기로 가요.

🗣 친구하고 묻고 대답해 보세요.

A : 집에 어떻게 가요?

B : 버스로 가요.

A : 집에 어떻게 가요?

B : 지하철로 가요.

A : 집에 어떻게 가요?

B : 자전거로 가요.

A : 집에 어떻게 가요?

B : 걸어서 가요.

A : 고향 집에 어떻게 가요?

예 B : 인천 공항에서 나리타 공항까지 비행기로 가요. 나리타 공항에서 도쿄 집까지 버스로 가요.

문법3 동 -(으)세요 ①
p.138

🗣 친구하고 말해 보세요.

① 친구하고 이야기하세요.

② 이름을 쓰세요.

③ 쉬세요.

④ 23쪽을 읽으세요.

⑤ 잘 들으세요.

⑥ 문장을 만드세요.

🎲 게임을 해 보세요.

자리에서 일어나다 - 자리에서 일어나세요

노래를 하다 - 노래를 하세요

인사를 하다 - 인사를 하세요

23쪽을 읽다 - 23쪽을 읽으세요

창문을 열다 - 창문을 여세요

춤을 추다 - 춤을 추세요

청소를 하다 - 청소를 하세요

친구 얼굴을 그리다 - 친구 얼굴을 그리세요

읽고 말하기
p.146

가 <첫날> 버스, 가까워요, 막혔어요, 50, 늦었어요

　　<다음 날> 지하철, 멀어요, 빨랐어요, 25, 안 늦었어요.

나 1. 아니요, 앤디 씨는 수업 시간에 늦었어요.

　　2. 아니요, 앤디 씨 집에서 지하철역까지 조금 멀어요.

　　3. 지하철이 아주 빨랐어요. 그래서 앤디 씨는 학교에 일찍 도착했어요.

　　4. 앤디 씨 집에서 학교에서 버스로 50분쯤, 지하철로 25분쯤 걸렸어요.

　　5. 앤디 씨는 요즘 지하철로 학교에 가요. 왜냐하면 학교에 안 늦어요.

다 버스 정류장, 막혔어요, 늦었어요, 멀어요, 빨랐어요

듣고 말하기
p.149

가 1. X　　2. X　　3. X　　4. O　　5. X

나 1. 앤디 씨는 인사동에 가고 싶어요.

　　2. 인사동에 가고 싶어요. 그럼 신촌에서 273번 버스를 타요.

　　3. 신촌 역에서 지하철 2호선을 타요. 그리고 을지로3가 역에서 3호선으로 갈아타요. 안국 역에서 내려요.

　　4. 신촌에서 인사동까지 버스로 40분쯤, 지하철로 25분쯤 걸려요.

　　5. 아니요, 미나 씨하고 앤디 씨는 이번 주말에 인사동에 안 가요. 다음 주에 가요.

다 1. 들었어요　　2. 어떻게

6 내일 등산하러 갈 거예요

문법1 동 -(으)러 가요
p.154

🗣 친구하고 말해 보세요.

① 사과를 사러 마트에 가요.

② 책을 읽으러 도서관에 가요.

③ 게임하러 친구 집에 가요.

④ 운동하러 체육관에 가요.

👥 **친구하고 묻고 대답해 보세요.**

예 커피를 사러 편의점에 가요.

예 환전을 하러 은행에 가요.

예 사진을 찍으러 공원에 가요.

예 옷을 바꾸러 백화점에 가요.

예 택배를 보내러 우체국에 가요.

예 머리를 자르러 미용실에 가요.

문법2 명 (이)나   p.155

👥 **친구하고 말해 보세요.**

❶ 비빔밥이나 김치찌개를 먹어요.

❷ 커피나 주스를 마셔요.

❸ 공원이나 쇼핑몰에 가요.

❹ 카페나 도서관에서 책을 읽어요.

👥 **친구하고 묻고 대답해 보세요.**

A : 아침에 보통 뭐 먹어요?

예 B : 샌드위치나 김밥을 먹어요.

A : 카페에서 보통 뭐 마셔요?

예 B : 아메리카노나 카페라테를 마셔요.

A : 시간이 있어요. 그럼 뭐 배우고 싶어요?

예 B : 춤이나 테니스를 배우고 싶어요.

A : 수업 후에 어디에서 공부해요?

예 B : 도서관이나 카페에서 공부해요.

A : 친구를 만나요. 그럼 보통 어디에 가요?

예 B : 카페나 식당에 가요.

A : 부산에 어떻게 가요?

예 B : KTX나 고속버스로 가요.

문법3 동 -(으)ㄹ 거예요   p.157

👥 **친구하고 말해 보세요.**

❶ 등산할 거예요.

❷ 영어를 가르칠 거예요.

❸ 책을 읽을 거예요.

❹ 노래를 들을 거예요.

❺ 친구하고 놀 거예요.

❻ 점심을 먹으러 갈 거예요.

👥 **친구하고 묻고 대답해 보세요.**

A : 내일 뭐 할 거예요?

예 B : 시험공부할 거예요.

A : 이번 주말에 뭐 할 거예요?

예 B : 친구하고 쇼핑할 거예요.

A : 다음 주에 뭐 할 거예요?

예 B : 자전거를 타러 한강 공원에 갈 거예요.

A : 다음 달에 뭐 할 거예요?

예 B : 부산에 친구를 만나러 갈 거예요.

A : 두 달 후에 뭐 할 거예요?

예 B : 학교 근처로 이사할 거예요.

A : 내년에 뭐 할 거예요?

예 B : 한국에서 대학교에 다닐 거예요.

읽고 말하기   p.164

가 학교 → 식당 → 집 → 카페

❶   ❷   ❶

나 1. 사라 씨는 한국어를 배우러 한국에 왔어요.

2. 사라 씨는 수업 후에 학생 식당이나 학교 근처 식당에서 식사해요.

3. 사라 씨는 식사 후에 집에 낮잠을 자러 가요.

4. 카페 앞에 공원이 있어요. 공원에 사람이 많아요. 그래서 카페에 손님이 많아요.

5. 사라 씨는 이번 주말에 반 친구하고 같이 한국어를 공부할 거예요. 왜냐하면 다음 주에 시험이 있어요.

다 배우러, 먹으러, 자러, 아르바이트하러, 공부할

듣고 말하기   p.167

가 1. X   2. O   3. X   4. X   5. O

나 1. 미나 씨는 방학 때 유럽에 여행 갈 거예요.

2. 미나 씨는 프랑스에 갈 거예요. 그리고 이탈리아에 갈 거예요.

3. 미나 씨는 파리에서 친구 집에 있을 거예요.

4. 미나 씨는 파리에서 박물관에 갈 거예요. 쇼핑을 할 거예요. 그리고 프랑스 음식도 많이 먹을 거예요.

5. 미나 씨는 이탈리아에서 로마나 베네치아에 갈 거예요.

다 1. 혼자   2. 있을

Preparatory Unit 1 — It's Nice to Meet You

Speaking

Dialogue 1: What Country Are You From?

Mina   Hello! I'm Mina. What's your name?
Andy   I'm Andy.
Mina   Andy, what country are you from?
Andy   I'm from the United States.
Mina   Ah, is that so? It's nice to meet you.

Dialogue 2: What Work Do You Do?

Susan   Hello! I'm Susan.
Andy   Hello, Susan. I'm Andy.
Susan   Andy, what work do you do?
Andy   I'm a student.

Reading and Speaking

Who Is This?

Andy

Hello!
I'm Andy.
I'm from the United States.
I'm a student.
I like exercise.
It's nice to meet you.

Haruka

Hello!
I'm Haruka.
I'm from Japan.
I'm a Japanese teacher.
I like dramas.
It's nice to meet you.

Preparatory Unit 2 — It's a Korean Language Book

Speaking

Dialogue 1: What's This?

Andy   What's this?
Haruka   It's a pencil.
Andy   Then what's that?
Haruka   It's a clock.

Dialogue 2: Whose Is This?

Hans   Whose umbrella is this?
Wan   It's mine.
Hans   Here you go.
Wan   Thanks.
Hans   Don't mention it.

Listening and Speaking

It's an Umbrella

1. A: What's this?
   B: It's soap.
   A: Then what's that?
   B: It's a towel.

2. A: What's this?
   B: It's a spoon.
   A: Then what's that?
   B: It's a dish.

3. A: What's this?
   B: It's a pencil case.
   A: Then what's that?
   B: It's a book.

4. A: Mina, what's this in Korean?
   B: It's an umbrella.
   A: Whose is it?
   B: It's Sarah's.

Do You Have a Cell Phone?

Speaking

Dialogue 1: What's Your Phone Number?

Andy	Susan, do you have a Korean phone number?
Susan	Yes, I do.
Andy	What's your phone number?
Susan	It's 010-4948-1387.
Andy	010-4948-1297. Is that right?
Susan	Yes, it is.

Dialogue 2: What Date Is Your Birthday?

Andy	Wan, do you know Lenping's birthday?
Wan	Yes, I do.
Andy	What date is Lenping's birthday?
Wan	It's July 15.

Reading and Speaking

What Number Is It?

1. PIN code
   It's 2580.

2. Credit card number
   It's 2374 7456 8732 2437.

3. Bank account number
   It's 647 910288 00707.

4. Bus number
   It's Number 7.

5. Bus number
   It's Number 14-1.

6. Floor number
   It's the ninth floor.

7. Subway line number
   It's Line 2.

8. Subway station exit number
   It's Exit 6.

9. Room number
   It's Room 105.

I'd Like Some Coffee

Speaking

Dialogue 1: I'd Like Two Servings of Bibimbap

Andy	Excuse me. I'd like some water.
Employee	OK.
Andy	I'd like one serving of doenjang jjigae and two servings of bibimbap.
	...
Employee	Here you are.

Dialogue 2: It's 3,000 Won

Lenping	I'd like an Americano. How much is that?
Employee	It's 3,000 won.
	...
Employee	Here you are.
Lenping	Do you have any straws?
Employee	Yes, they're over there.

Listening and Speaking

How Much Is That Altogether?

1. | | |
   |---|---|
   | Employee | Welcome! |
   | Andy | How much are your apples? |
   | Employee | Six apples are 17,000 won. |
   | Andy | How much are your grapes? |
   | Employee | One bunch of grapes is 7,800 won. |
   | Andy | In that case, I'd like some apples. |

2. | | |
   |---|---|
   | Employee | Welcome! |
   | Andy | I'd like two cartons of milk. How much is that? |
   | Employee | That's 5,700 won. |
   | Andy | I'd like five packs of ramen noodles. How much is that? |
   | Employee | That's 4,500 won. |
   | Andy | How much is that altogether? |
   | Employee | That's 10,200 won. |

Speaking

Dialogue 1: Is Andy Here?

Mina	Excuse me. Is Andy here?
Hans	No, he's not.
Mina	Then where is he?
Hans	He's in the cafeteria.

Dialogue 2: Is My Book in the Classroom by Any Chance?

Susan	Hello? Gabriela, where are you right now?
Gabriel	I'm in the classroom.
Susan	Oh, really? Is my book in the classroom by any chance?
Gabriel	Yes, it's on your desk.

Dialogue: Is There an ATM Around Here?

Andy	Mina, is there an ATM around here?
Mina	Yes, there's one in C Building.
Andy	Where is C Building?
Mina	Do you know K Building? It's next to K Building.
Andy	Thanks.
Mina	Don't mention it.

Reading and Speaking

My House Is in Gwanghwamun

I'm Wan.
I'm from Thailand.
My hometown is Bangkok.
I'm a student.
My birthday is October 19.
My cellphone number is 010-9490-6788.
My house is in Gwanghwamun.

I'm Sarah.
I'm from France.
My hometown is Paris.
I'm a student. I like Korean movies.
My birthday is July 28.
My phone number is 010-5920-7245.
My house is in Sinchon.
It's behind Hyundai Department Store.

I'm Gabriel.
My hometown is São Paulo.
São Paulo is in Brazil.
I'm a programmer.
My birthday is September 30.
My cellphone number is 010-3575-1154.
My house is in Jamsil.
There is a park in front of my house.

Listening and Speaking

Where Is the Study Café?

Andy	Hello?
Mina	Hi Andy, It's Mina.
Andy	Hi Mina.
Mina	Andy, where are you right now?
Andy	I'm at school. I'm in the study café.
Mina	Where is the study café?
Andy	It's in A Building.
Mina	There's a study café in A Building?
Andy	Yes, it's on the third floor. Mina, where are you right now?
Mina	I'm at the restaurant in front of the school.
Andy	Ah, OK.
Mina	I just remembered something! Andy, are you free on April 15?
Andy	April… 15… Yes, I am. Why do you ask?
Mina	April 15 is my birthday.
Andy	Oh, really?
Mina	Let's have a meal with my friends.
Andy	OK, that sounds good.

Unit 2   I Get Up at 6:00

Speaking

Dialogue 1: Where Are You Going?

Susan   Hello, Andy. Where are you going right now?
Andy   I'm going to the gym. Where are you going, Susan?
Susan   I'm going to the gym, too.
Andy   Ah, is that so? Let's go together.

Dialogue 2: Are You Studying This Afternoon?

Haruka   Lenping, are you studying this afternoon?
Lenping   No.
Haruka   So what are you doing?
Lenping   I'm going to Myeongdong.

Dialogue 3: What Time Are You Exercising?

Yunho   Hans, what time do you usually get up?
Hans   I get up at 6:30. What about you, Yunho?
Yunho   I get up at 6:00. So what time do you go to bed?
Hans   I go to bed at 11:00.

Reading and Speaking

It's 8:00 AM in Seoul

Right now it is 8:00 am in Seoul, Korea.
People are going to the office.
Students are going to school.
There are a lot of cars on the road.
Mina is at the library.
She's studying.
She has a test this afternoon.

Right now it's 9:00 am in Sydney, Australia.
Andy has a friend in Sydney.
Her name is Jenny.
Jenny is at the park right now.
She's exercising.
She doesn't have class in the morning.
She goes to school in the afternoon.

Right now it's 12:00 midnight in Berlin, Germany.
There's nobody on the street.
It's quiet.
Hans is in his room.
He's asleep right now.
He gets up at 6:00.

He has a meeting at 7:00.

Listening and Speaking

Are You Free Tomorrow at 6:00 PM?

Andy   Wan, what are you doing tomorrow? Are you free tomorrow evening? Let's have a meal.
Wan   I'm going to the airport tomorrow. My friend is coming to Korea.
Andy   What time are you going to the airport?
Wan   I'm going to the airport at 5:00 pm.
Andy   Ah, is that so?

....

Andy   Sarah, are you free tomorrow at 6:00 pm?
Sarah   Why do you ask?
Andy   Let's have a meal with my friend.
Sarah   I'm sorry. I have plans tomorrow evening. I'm going to the movies with Bayar.
Andy   Ah, is that so?
Sarah   I'm sorry. Let's have a meal another time.

....

Andy   Hans…
Hans   Yes, Andy.
Andy   Are you going to the office tomorrow afternoon?
Hans   No, why do you ask?
Andy   So will you be free at 6:00 pm tomorrow?
Hans   6:00 pm… Yes, I will.
Andy   Let's have a meal with my friend tomorrow. She's a student at Sogang University.
Hans   Ah, is that so? That sounds good. See you tomorrow.

Unit 3 I Meet My Friend at the Café

Speaking

Dialogue 1: Are You Teaching Japanese Today?

Tuan	Haruka, are you teaching Japanese today?
Haruka	No.
Tuan	Then what are you doing?
Haruka	I'm watching a movie.

Dialogue 2: Where Are You Learning Korean Cooking?

Tuan	Wan, what are you doing tomorrow?
Wan	I'm learning Korean cooking.
Tuan	Where are you learning Korean cooking?
Wan	At the culinary classroom.

Dialogue 3: What Are You Doing on Friday?

Sarah	Gabriel, what are you doing on Friday?
Gabriel	I'm playing football.
Sarah	Where do you play football?
Gabriel	At the school sports field. What are you doing on Friday, Sarah?
Sarah	I'm meeting a friend.

Reading and Speaking

I Learn Taekwondo at the Gym

Lenping

On Monday, I learn taekwondo at the gym.
On Tuesday, I have lunch with a friend.
We eat Chinese food at a restaurant.
On Friday, I watch a movie at my friend's house.
On Sunday, I play video games.
I really like video games.

Bayar

On Monday, I check out books from the library.
On Tuesday, I have plans with a friend.
On Wednesday, I shop at a department store.
On Friday, I cook at home.
I make bulgogi.
On Sunday, I travel.
I like traveling.

Hans

I am very busy from Monday to Friday.
In the morning, I study at school.
Then in the afternoon, I work at the office.
At 7:00 am on Wednesday, I play tennis at the tennis court.
On Friday evening, I see a friend.
On Sunday, I go hiking.

Listening and Speaking

Let's Go to the Movie Theater

Sarah	Andy!
Andy	Yes, Sarah.
Sarah	Are you busy today?
Andy	No, why do you ask?
Sarah	Do you like movies?
Andy	Yes, I do.
Sarah	So let's go to the movie theater. I have tickets.
Andy	Ah, is that so? What movie is it?
Sarah	It's Harry Potter.
Andy	Is that movie fun?
Sarah	Yes, it's very fun.
Andy	Is that so? Great. Let's watch it.
Sarah	Then let's meet at the Yongsan CGV at six o'clock.
Andy	I'm sorry. I don't know the Yongsan CGV.
Sarah	Um, do you know Yongsan Station?
Andy	Yes, I do.
Sarah	Then let's meet at Exit 1 of Yongsan Station.

Unit 4   I Bought a Mobile Phone Yesterday

Speaking

Dialogue 1: When Did You Buy It?

Susan   Lenping, did you buy a mobile phone?
Lenping Yes, I did.
Susan   When did you buy it?
Lenping I bought it three days ago.

Dialogue 2: Why Didn't You Go?

Sarah   Tuan, did you go to the library on Monday?
Tuan   No, I didn't.
Sarah   Why didn't you go?
Tuan   I was tired.

Dialogue 3: I Cooked and I Also Cleaned

Bayar   Gabriel, what did you do yesterday?
Gabriel I stayed at home.
Bayar   What did you do at home?
Gabriel I cooked, and I also cleaned.

Reading and Speaking

The Party Ended at 11:00 PM

Susan moved to a new house last week, so she invited her friends to her house yesterday.
Susan got ready for the party yesterday morning. She cleaned her house. Then she went to the supermarket.
She bought fruit at the supermarket. She also bought juice. She cooked at 3:00 pm. She made bulgogi.
Her friends came at 7:00. They all ate a delicious dinner together. They also talked a lot. The meal ended around 9:00. After that, they sang some songs. They listened to music, and they danced, too. The party was really fun.
Tuan said, "Susan, you have a very nice house."
Wan said, "The food is very delicious."
"Thank you," Susan said.
The party ended at 11:00 pm. Susan was tired, but she was in a very good mood.

Listening and Speaking

What Did You Do at Susan's House?

Haruka   Gabriel, did you go to Susan's house yesterday?
Gabriel Yes, I did. The party was very fun.
Haruka   Really? What did you do there?
Gabriel We talked a lot, and we also listened to music.
Haruka   Wow, did you have dinner, too?
Gabriel Yes, Susan made some Korean food, so we all had some of that.
Haruka   What time did you get home?
Gabriel The party ended at 11:00, so I got home at 11:30.
Haruka   11:30?
Gabriel Yes. By the way, why didn't you come to the party yesterday?
Haruka   I was busy yesterday.
Gabriel Did you have Japanese class?
Haruka   Yes, I taught Japanese.
Gabriel Ah, is that so? Our friends were all looking forward to seeing you.
Haruka   I'm sorry. Work ended at 9:00 pm.
Gabriel Don't mention it. Let's have a meal with our friends anther time.
Haruka   Sure.

191

Unit 5 Take Subway Line 2

Speaking

Dialogue 1: How Do I Get to Myeongdong?

Andy	Mina, how do I get to Myeongdong?
Mina	Take Bus 604 over there.
Andy	How long does it take to get to Myeongdong?
Mina	It takes about 30 minutes.
Andy	Thank you.

Dialogue 2: Take Subway Line 2

Wan	Excuse me. How do I get to Insadong?
Employee	Take Subway Line 2. Then transfer to Line 3 at Euljiro 3-ga Station.
Wan	Where do I get off?
Employee	Get off at Anguk Station.
Wan	Thank you.

Dialogue 3: Take the KTX

Andy	Bayar, I want to travel to Busan during the school vacation. How do I get to Busan?
Bayar	Take the KTX.
Andy	How long does it take to get to Busan?
Bayar	It takes about three hours on the KTX.
Andy	Ah, is that so? Thank you.

Reading and Speaking

I Take the Subway to School

Andy has been going to school since last month. Class starts at nine o'clock. The thing is, Andy's house is far from school.

So on the first day, Andy took the bus to school because the bus stop is close to his house. But there was bad traffic. It took 50 minutes to get from his house to school, so he was late to class.

The next day, Andy took the subway. The subway station is a little far from his house. He had a long walk to the subway station. But the subway was very fast. It took about 25 minutes, so he arrived at school early.

Nowadays, Andy takes the subway to school. He's not late to school anymore.

Listening and Speaking

Take Bus 273

Andy	Mina, do you know this area? Where is this?
Mina	Ah, this area? It's Insadong.
Andy	This is Insadong? I've heard a lot about it from my friends.
Mina	Ah, is that so? I often go to Insadong, too.
Andy	Really? I want to go to Insadong, too. By the way, how do you get to Insadong?
Mina	Take Bus 273 from Sinchon. It takes about 40 minutes by bus.
Andy	Wow, that takes a long time.
Mina	Is that so? Take the subway then.
Andy	How do you get there on the subway?
Mina	Take Subway Line 2 from Sinchon Station. Then transfer to Line 3 at Euljiro 3-ga Station.
Andy	Where do you get off?
Mina	Get off at Anguk Station.
Andy	How long does the subway take?
Mina	It takes about 25 minutes.
Andy	Wow, the subway is fast. By the way, Mina, are you free this weekend by any chance? I want to go to Insadong with you.
Mina	I'm sorry, Andy. I have plans this weekend. How about next week?
Andy	Sure. Let's go next week then.

Unit 6   I'm Going to Go Hiking Tomorrow

Speaking

Dialogue 1: Are You Going to Take a Walk?

Sarah   Andy, where are you going?
Andy   I'm going to the park.
Sarah   Are you going to take a walk?
Andy   No, I'm going to ride a bicycle.

Dialogue 2: I'm Going to Go to Mt. Bukhansan or Mt. Gwanaksan

Wan   What are you going to do this Saturday?
Hans   I'm going to go hiking.
Wan   Where are you going to go?
Hans   I'm going to go to Mt. Bukhansan or Mt. Gwanaksan.

Dialogue 3: What Are You Going to Do on Vacation?

Gabriel   When is your vacation?
Susan   From this Friday until next Tuesday.
Gabriel   What are you going to do on vacation?
Susan   I'm going to go to Busan.
Gabriel   What are you going to do in Busan?
Susan   I'm going to go to Haeundae.

Reading and Speaking

I Came to Korea to Learn Korean

I really like Korean movies, so I came to Korea last month to learn Korean. I learn Korean in the morning, and I do a part-time job in the evening.

I've met a lot of new friends at school. I talk to my friends in Korean, so Korean class is very fun. After class, I go to a restaurant to eat lunch with my friends from class. We eat at the student cafeteria or at a restaurant near the school. Then I go home to take a nap.

During the week, I go to a café in the evening for my part-time job. I started working part-time at the café two weeks ago. It takes about 15 minutes to walk from my house to the café. There's a park in front of the café. There are a lot of people in the park, so there are a lot of customers in the café. It's very busy.

On the weekend, I usually watch movies at my house. But this weekend, I'm going to meet a friend from class. I'm going to study Korean with my friend because we have a test next week.

Listening and Speaking

I'm Going to Take a Trip to Europe

Andy   Mina, what are you going to do during the school vacation?
Mina   I'm going to travel in Europe.
Andy   Are you going to travel by yourself?
Mina   Yes, but I have a friend in Paris, France. So I'm going to stay at my friend's house.
Andy   You have a friend in Paris?
Mina   Yes, I went to Paris to study last year.
Andy   Ah, is that so? What are you going to do in Paris?
Mina   I'm going to go to museums.
Andy   Museums? What else are you going to do?
Mina   I'm going to go shopping. I'm also going to eat a lot of French food.
Andy   Are you only going to go to Paris?
Mina   No, I'm also going to go to Italy.
Andy   Where are you going to go in Italy?
Mina   I'm going to go to Rome or Venice. I'm going to take a lot of photographs in Italy.
Andy   In that case, please show me your photographs later.
Mina   OK, sure.
Andy   Have a safe trip.
Mina   Thank you.

대화 1

A : 친구와 인사를 나누세요. 이름과 국적을 물어보세요.
B : 친구의 질문을 듣고 대답하세요.

안녕하세요?

안녕하세요?

이름이 뭐예요?

김지훈이에요.

어느 나라 사람이에요?

한국 사람이에요.

 대화 2

상황 친구들이 모두 다른 인물 정보 카드를 가지고 있어요.

A : 친구에게 이름과 국적과 직업을 물어보세요.
B : 친구의 질문을 듣고 대답하세요.

이름이 뭐예요?

앤디예요.

어느 나라 사람이에요?

미국 사람이에요.

무슨 일을 하세요?

학생이에요.

앤디, 미국, 학생

렌핑, 중국, 의사

완, 태국, 유튜버

투안, 베트남, 요리사

준비2 대화 활동

 대화 1

안경

모자

지갑

형광펜

A : 친구에게 교실 안에 있는 물건들의 이름을 물어보세요.
B : 친구의 질문을 듣고 대답하세요.

이게 뭐예요?

책이에요.

그럼 저게 뭐예요?

시계예요.

TIP
"이게 한국어로 뭐예요?"

대화 2

상황 ① 책상에 친구들의 물건들이 있어요.

A : 책상 위에 있는 물건을 가리키면서 누구 건지 물어보세요.
B : 친구의 질문을 듣고 대답하세요.

상황 ② 교실에 있는 다른 책상으로 자리를 옮기세요.

A : 옮긴 책상에 있는 물건 중 하나를 들고 누구 건지 물어보세요.
B : 친구의 질문을 듣고 대답하세요.

누구 거예요?

제 거예요.

수잔 씨 거예요.

TIP
다른 사람의 물건을 말할 때는 "○○ 씨 거예요."
A : 누구 거예요?
B : 수잔 씨 거예요.

대화 1

상황 친구들이 모두 다른 전화번호를 가지고 있어요.

A : 친구에게 한국의 공공기관 전화번호를 물어보세요.
B : 친구의 질문을 듣고 대답하세요.

경찰서 전화번호가 몇 번이에요?

일일이 맞아요?

POLICE	경찰서	112
	응급 전화	
	인천 공항	
	관광 정보 안내	

일일이예요.

네, 맞아요.

대화 2

상황 정보가 다른 활동지가 두 가지 있어요.

A : 친구에게 한국의 주요 공휴일을 물어보세요.
B : 친구의 질문을 듣고 대답하세요.

어린이날이 며칠이에요?

오월 오일이에요.

A

어린이날 Children's Day	
현충일 Memorial Day	6월 6일
광복절 Independence Day	
개천절 National Foundation Day of Korea	10월 3일
한글날 Hangul Day	

B

어린이날 Children's Day	5월 5일
현충일 Memorial Day	
광복절 Independence Day	8월 15일
개천절 National Foundation Day of Korea	
한글날 Hangul Day	10월 9일

대화 1

상황 물건 사진 카드가 있어요.
한 사람은 손님, 한 사람은 직원이 돼서 역할극을 해 보세요.

A : 직원에게 필요한 것을 말해 보세요.
B : 손님의 말을 듣고 필요한 카드를 주세요.

여기요, 컵 좀 주세요.

여기 있어요.

숟가락

컵

접시

휴지

젓가락

가위

집게

앞치마

 대화 2

상황 책상 위에 여러 가지 음료가 있어요.

A : 마시고 싶은 음료를 주문하면서 가격을 물어보세요.
B : 가격을 말하면서 음료를 주세요.

커피 주세요. 얼마예요?

3,000원이에요.

1 대화 활동

 **대화 1** 61쪽 장소 그림 카드를 이용하세요.

상황 반 친구들이 모두 다른 장소 그림 카드를 가지고 있어요.

A : 친구에게 ⓒ가 어디에 있는지 물어보세요.

B : ⓒ가 들고 있는 장소 카드를 보고 대답하세요.

사라 씨가 여기에 있어요?

그럼 어디에 있어요?

아니요, 없어요.

공원에 있어요.

 대화 2

상황 책상 위에 있는 물건들의 위치를 바꾸세요.

A : 친구에게 아래의 물건이 어디에 있는지 물어보세요.

B : 친구의 질문을 듣고 물건의 위치를 말하세요.

 헤드폰　 텀블러　 선글라스　 물티슈

 대화 3

상황 건물 그림 카드가 있어요. 자유롭게 카드의 위치를 바꾸세요.

A : 친구에게 아래의 장소가 어디에 있는지 물어보세요.

B : 친구의 질문을 듣고 장소의 위치를 말하세요.

☐ ATM　　☐ 식당　　☐ 카페　　☐ 편의점

대화 1 61쪽 장소 그림 카드를 이용하세요.

상황 반 친구들이 모두 다른 장소 그림 카드를 가지고 있어요.

A : 친구에게 어디에 가는지 물어보세요.

B : 친구의 질문을 듣고 대답하세요. 그리고 친구에게 똑같이 어디에 가는지 물어보세요.

어디에 가요?

식당에 가요.

TIP
Ⓐ가 Ⓑ와 다른 장소에 갈 때는 "저는 (장소)에 가요."라고 말해요.

저는 집에 가요.

한스 씨는 어디에 가요?

 대화 2

상황 반 친구들이 모두 다른 동사 그림 카드를 가지고 있어요.

A : 친구의 동사 그림 카드를 보고 오늘 오후에 그것을 하는지 물어보세요.

B : 친구의 질문을 듣고 자유롭게 대답하세요.

오늘 …?

네. / 아니요.

그럼, 뭐 해요?

…

누구하고 같이 가요?

…

 대화 3

A : 친구에게 오전 스케줄을 물어보세요. 그리고 활동지에 쓰세요.

B : 친구의 질문을 듣고 대답하세요. 그리고 똑같이 친구의 스케줄을 물어보세요.

보통 몇 시에 일어나요?

일곱 시 삼십 분에 일어나요.

저는 일곱 시에 일어나요.

○○ 씨는 몇 시에 일어나요?

	(앤디) 씨	( ) 씨
일어나요	7시 30분	
세수해요		
아침 식사해요		
학교에 와요		

대화 1 99쪽 행동② 그림 카드를 이용하세요.

상황 반 친구들이 모두 다른 동사 그림 카드를 가지고 있어요.

A : 친구의 동사 그림 카드를 보고 오늘 그것을 하는지 물어보세요.

B : 친구의 질문에 "아니요."라고 대답하세요.

A : 친구의 대답을 듣고 오늘 뭐 하는지 물어보세요. 몇 시에, 누구하고 같이 하는지도 물어보세요.

B : 친구의 카드를 보고 대답하세요.

오늘 영화를 봐요?

그럼 뭐 해요?

몇 시에 …?

아니요.

친구를 만나요.

…

 대화 2

A : 친구에게 내일 뭐 하는지 물어보세요. 그리고 어디에서, 누구하고 같이 하는지 물어보세요.

B : 친구의 질문을 듣고 자유롭게 대답하세요.

내일 뭐 해요?

어디에서 …?

누구하고 …?

몇 시에 …?

…

…

…

 대화 3

상황 금요일부터 일요일까지의 일정을 메모하세요.

A : 친구에게 금요일부터 일요일까지 뭐 하는지 물어보세요. 그리고 몇 시에, 어디에서, 누구하고 하는지 물어보세요.

B : 친구의 질문을 듣고 자유롭게 대답하세요.

금요일에 뭐 해요?

친구를 만나요.

그래요?
어디에서 친구를 만나요?

…

몇 시에 …?

…

금요일 : 친구를 만나요.

토요일 : 집에 있어요.

일요일 : 등산해요.

대화 1

상황 최근에 산 물건을 책상 위에 올려 놓으세요.

A : 친구의 물건을 가리키며 그것을 언제 샀는지 물어보세요. 그리고 어디에서 샀는지도 물어보세요.

B : 친구의 질문을 듣고 대답하세요.

핸드폰 샀어요?

언제 샀어요?

어디에서 샀어요?

네, 샀어요.

…

…

대화 2 99쪽 행동② 그림 카드를 이용하세요.

상황 반 친구들이 모두 다른 동사 그림 카드를 가지고 있어요.

A : 친구가 가지고 있는 동사 그림 카드를 보고 지난 주말에 그것을 했는지 물어보세요. 친구가 안 했다고 하면 왜 안 했는지 이유를 물어보세요.

B : 친구의 질문을 듣고 안 했다고 대답하세요. 그리고 안 한 이유를 자유롭게 말하세요.

지난 주말에 한국어를 공부했어요?

왜 …?

아니요, 공부 안 했어요.

…

 대화 3

A : 친구에게 지난 주말에 뭐 했는지 물어보세요.

B : 친구의 질문을 듣고 주말에 한 일을 두 가지 이상 대답하세요.

지난 주말에 뭐 했어요?

드라마를 봤어요. 그리고 쇼핑도 했어요.

무슨 드라마 …?

어디에서 …?

…

…

대화 1

상황 반 친구들이 모두 다른 정보 카드를 가지고 있어요. 정보 카드를 접어 사용하세요. 친구에게 장소가 쓰여 있는 면을 보여 주세요.

A : **B**에게 카드의 장소에 어떻게 가는지, 시간이 얼마나 걸리는지 질문하세요.
B : 버스 번호와 시간을 보고 대답하세요.

여의도에 어떻게 가요?

저기에서 7613번 버스를 타세요.

여의도	올림픽
7613번	171번
20분	30분

171번 버스 30분

여의도

여의도까지 얼마나 걸려요?

20분쯤 걸려요.

 대화 2

① 종합관광안내센터
Tourist Information

상황 반 친구들이 모두 다른 장소 카드를 가지고 있어요.

A : 친구에게 신촌에서 목적지까지 가는 방법과 걸리는 시간을 질문하세요.
B : 서울 지하철 앱에서 목적지에 가는 방법을 찾아서 대답하세요.

경복궁	남대문 시장
올림픽공원	인천공항

경복궁에 어떻게 가요?

신촌 역에서 지하철 2호선을 타세요.

경복궁까지 얼마나 걸려요?

20분쯤 걸려요.

	10분		2분	5분	
신촌	②	을지로3가	을지로3가	③	경복궁

 대화 3

부산

상황 132쪽에 있는 한국 지도를 보고, 가고 싶은 장소를 정하세요.
A : 거기에 어떻게 가는지, 시간이 얼마나 걸리는지 질문하세요.
B : 친구의 질문을 듣고 대답하세요.

서울에서 전주까지 어떻게 가요?

서울에서 전주까지 얼마나 걸려요?

6 대화 활동

대화 2

상황 반 친구들이 모두 다른 정보 카드를 가지고 있어요. 정보 카드를 접어서 사용하세요. 친구에게 동사가 쓰여 있는 면을 보여 주세요.

A : 친구에게 어디에 가는지 물어보세요. 그리고 친구의 카드를 보고 거기에 가는 목적을 물어보세요. 장소의 위치도 물어보세요.

B : 정보 카드를 보고 어디에 가는지 대답하세요. 그리고 친구의 질문을 듣고 대답하세요.

백화점에 가다 : 친구를 만나다
쇼핑하다
도서관에 가다 : 책을 빌리다
책을 읽다

어디에 가요?

쇼핑하러 가요?

백화점이 어디에 있어요?

백화점에 가요.

아니요, 친구를 만나러 가요.

…

대화 2

상황 반 친구들이 모두 다른 정보 카드를 가지고 있어요.

A : 친구가 토요일에 뭐 할 건지 물어보세요. 그리고 어디에 갈 건지, 거기에 어떻게 갈 건지 물어보세요.

B : 친구의 질문을 듣고 대답하세요.

쇼핑하다 (바지/구두) 홍대/강남	영화를 보다 (한국 영화/미국 영화) 친구 집/영화관
친구하고 식사하다 (비빔밥/갈비) 명동/홍대	운동하다 (요가/태권도) 체육관/공원

토요일에 뭐 할 거예요?

뭐 살 거예요?

어디에 갈 거예요?

쇼핑하러 갈 거예요.

바지나 구두를 ….

…

대화 3

A : 친구의 방학이 언제인지 물어보세요. 그리고 방학 때 뭐 할 건지 물어보세요.

B : 친구의 질문을 듣고 자유롭게 대답하세요.

방학이 언제예요?

방학 때 … ?

그리고 또 … ?

이번 주 목요일부터 다음 주 화요일까지예요.

오늘

일요일	월요일	화요일	수요일	목요일	금요일	토요일
			1	2	3	4	5	6	7
8	9	10	11	12	13	14
15	16	17	18	19	20	21
22	23	24	25	26	27	28
29	30	31				

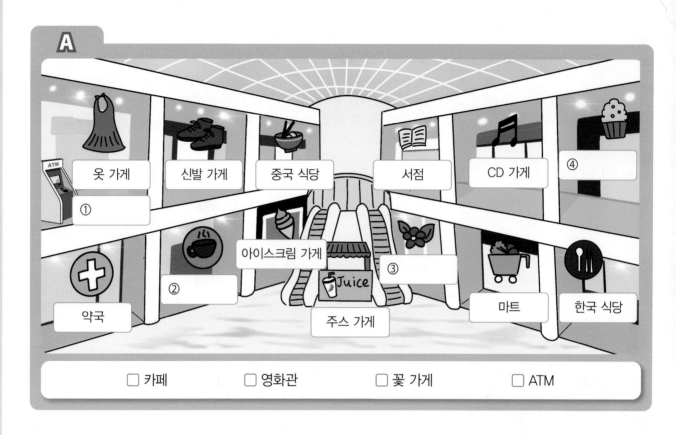

A

옷 가게 신발 가게 중국 식당 서점 CD 가게 ④

①

② 아이스크림 가게 ③

약국 Juice 마트 한국 식당

주스 가게

☐ 카페 ☐ 영화관 ☐ 꽃 가게 ☐ ATM

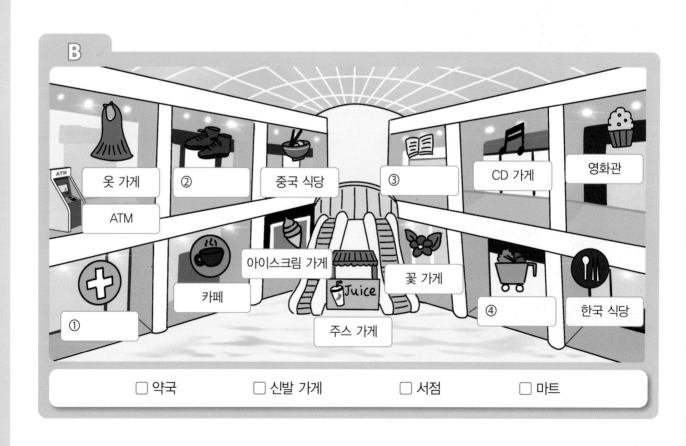

B

옷 가게 ② 중국 식당 ③ CD 가게 영화관

ATM

아이스크림 가게 꽃 가게

카페 Juice

① 주스 가게 ④ 한국 식당

☐ 약국 ☐ 신발 가게 ☐ 서점 ☐ 마트

시리즈 기획 Series Editor

김성희 Kim Song-hee

집필진 Authors

<서강한국어 초판 Sogang Korean 1A (2000)>

최정순 Choe Jeong-soon

전 배재대학교 국어국문 · 한국어교육학과 교수
Former Professor, Department of Korean Language,
Literature and Education, Paichai University

서강대학교 국어국문학과 박사
Ph.D. in Korean Linguistics, Sogang University

김지은 Kim Ji-eun

서강대학교 한국어교육원 대우전임강사
Instructor, KLEC, Sogang University

서강대학교 영어영문학과 박사
Ph.D. in English Linguistics, Sogang University

김성희 Kim Song-hee

전 서강대학교 한국어교육원 교학부장
Former Program Director, KLEC, Sogang University

서강대학교 불어불문학과 박사 수료
Ph.D. Candidate in French Linguistics, Sogang University

김현정 Kim Hyun-jung

전 서강대학교 한국어교육원 교학부장
Former Program Director, KLEC, Sogang University

이화여자대학교 불어불문학과 박사
Ph.D. in French Literature, Ewha Womans University

<서강한국어 2판 Sogang Korean New Series 1A (2008)>

김현정 Kim Hyun-jung

전 서강대학교 한국어교육원 교학부장
Former Program Director, KLEC, Sogang University

이화여자대학교 불어불문학과 박사
Ph.D. in French Literature, Ewha Womans University

김보경 Kim Bo-kyung

전 서강대학교 한국어교육원 대우전임강사
Former Instructor, KLEC, Sogang University

상명대학교 한국학과 박사
Ph.D. in Korean Studies, Sangmyung University

김정아 Kim Jeong-a

서강대학교 한국어교육원 대우전임강사
Instructor, KLEC, Sogang University

중앙대학교 노어학과 석사
M.A. in Russian Linguistics, Chung-Ang University

<서강한국어 3판 Sogang Korean 1A Third Edition (2024)>

이석란 Lee Seok-ran

서강대학교 한국어교육원 교수
Professor, KLEC, Sogang University

이화여자대학교 한국학과 한국어교육전공 박사 수료
Ph.D. Candidate in Teaching Korean as a Foreign Language, Ewha
Womans University

구은미 Koo Eun-mi

서강대학교 한국어교육원 대우전임강사
Instructor, KLEC, Sogang University

오사카외국어대학 국제언어사회전공 일본어교육 석사
M.A. in Japanese Language Education, Osaka University of Foreign Studies

홍고은 Hong Ko-eun

서강대학교 한국어교육원 대우전임강사
Instructor, KLEC, Sogang University

서울대학교 국어교육과 한국어교육전공 박사 수료
Ph.D. Candidate in Korean Language Education, Seoul National University

최연재 Choe Yeon-jae

서강대학교 한국어교육원 대우전임강사
Instructor, KLEC, Sogang University

한국외국어대학교 국어국문학과 한국어교육전공 박사 수료
Ph.D. Candidate in Teaching Korean as a Foreign Language, Hankuk
University of Foreign Studies

윤자경 Yun Ja-kyung

서강대학교 한국어교육원 대우전임강사
Instructor, KLEC, Sogang University

서울대학교 국어교육과 한국어교육전공 석사
M.A. in Korean Language Education, Seoul National University

이진주 Lee Jin-ju

서강대학교 한국어교육원 대우전임강사
Instructor, KLEC, Sogang University

서울대학교 국어교육과 한국어교육전공 석사
M.A. in Korean Language Education, Seoul National University

외부 자문 Outside Counsel

남애리 Nam Ae-ree
네덜란드 레이던대학교 한국학과 교수
Lecturer, Korean Studies, Leiden University
위스콘신대학교 제2언어습득 박사
Ph.D. in Second Language Acquisition, University of Wisconsin, Madison

백승주 Baek Seung-joo
전남대학교 국어국문학과 교수
Professor, Korean Language and Literature, Chonnam National University
연세대학교 국어국문학과 박사
Ph.D. in Korean Language and Literature, Yonsei University

내부 감수 Internal Editor

김정아 Kim Jeong-a
서강대학교 한국어교육원 대우전임강사
Instructor, KLEC, Sogang University
중앙대학교 노어학과 석사
M.A. in Russian Linguistics, Chung-Ang University

엄혜진 Eom Hye-jin
서강대학교 한국어교육원 대우전임강사
Instructor, KLEC, Sogang University
한양대학교 교육공학 석사
M.A. in Educational Technology, Hanyang University

영문 번역 English Translation

카루쓰 데이빗 David Carruth
전문번역가
Korean-English Translator
존브라운대학교 영어영문학과 학사
B.A. in English Literature, John Brown University

영문 감수 English Proofreading

강사희 Kang Sa-hie
미국 미들베리칼리지 한국어교육원 원장 겸 교수
Professor of Korean and Director, School of Korean, Middlebury College
플로리다대학교 언어학 박사
Ph.D. in General Linguistics, University of Florida

교정·교열 Copyediting and Proofreading

최선영 Choi Sun-young
서강대학교 한국어교육원 대우전임강사
Instructor, KLEC, Sogang University
이화여자대학교 한국학과 한국어교육전공 석사
M.A. in Korean Language Education, Ewha Womans University

제작진 Staff

디자인·제작 도서출판 하우
Book Design

일러스트 장명진, 이새, 강정연, 이성우
Illustration

출판에 도움을 주신 분 Special Thanks

소중한 도움을 주신 서강대학교 한국어교육원의 선생님들, 학생들 그리고 행정직원 선생님들께 감사의 마음을 전합니다. 그리고 교재 집필 중에 지원과 격려를 아끼지 않은 가족분들과 친구들에게 감사드립니다.

We would like to thank the following people for their valuable assistance: the teachers, students and administrative staff at the Sogang University Korean Education Language Center. We would also like to thank our family and friends for their support and encouragement during the writing of the textbook.

서강한국어 STUDENT'S BOOK 1A

주소   서울시 마포구 백범로 35 서강대학교 한국어교육원
Tel   (82-2) 713-8005
Fax   (82-2) 701-6692
E-mail   sogangkorean@sogang.ac.kr

서강대학교 한국어교육원
http://klec.sogang.ac.kr
K.L.E.C

서강한국어 교사 사이트
http://koreanteachers.org
Sogang Korean Teachers

여름 특별과정(7-8월)
http://koreanimmersion.org
S.K.I.P

세트

ISBN		
979-11-6748-153-5	서강한국어 STUDENT'S BOOK 1A	
979-11-6748-156-6	서강한국어 STUDENT'S BOOK 1A 영어 문법·단어참고서 (비매품)	
979-11-6748-157-3	서강한국어 STUDENT'S BOOK 1A 중국어 문법·단어참고서	
979-11-6748-158-0	서강한국어 STUDENT'S BOOK 1A 일본어 문법·단어참고서	
979-11-6748-159-7	서강한국어 STUDENT'S BOOK 1A 태국어 문법·단어참고서	
979-11-6748-154-2	서강한국어 WORKBOOK 1A	
979-11-6748-155-9	서강한국어 WRITING BOOK 1A	
979-11-6748-160-3	서강한국어 한글	

출판·판매·유통

초판 발행   2024년 8월 22일
1판 2쇄   2024년 10월 25일
펴낸이   박영호
펴낸곳   (주)도서출판 하우
주소   서울시 중랑구 망우로68길 48
Tel   (82-2) 922-7090   **Fax**   (82-2) 922-7092
홈페이지   http://www.hawoo.co.kr   **E-mail**   hawoo@hawoo.co.kr
등록번호   제2016-000017호

STUDENT'S BOOK
1A

Download

서강한국어 3번째 개정 시리즈
Sogang Korean Student's Book 1A & 1B (Third Edition)

- 서강한국어 **Sogang Korean Student's Book 1A & 1B**
  말하기·읽기·듣기 Speaking, reading, and listening

- 서강한국어 **Sogang Korean Workbook 1A & 1B**
  활동 및 복습 연습 문제 Activities and review exercises

- 서강한국어 **Sogang Korean Writing Book 1A & 1B**
  쓰기 연습과 말하기 활동 Writing exercises supported by speaking activities

- 서강한국어 한글 **Sogang Korean Hangeul**
  한글 연습 The Korean writing system practice

- 서강한국어 문법·단어 참고서 **Sogang Korean Grammar and Vocabulary Handbook 1A & 1B**
  문법 설명, 어휘·표현·본문 번역(영어, 중국어, 일본어, 태국어)
  Grammar explanations and vocabulary, dialogues, and readings translated into English, Chinese, Japanese, and Thai

---

<학생책 Student's Book>

 ### 학습자 편의성 Great for Learners

- 문법 연습을 상호작용적이고 단계적인 활동으로 구성하여 재미있게 학습 가능
  Grammar exercises are gradual and interactive to keep learning fun

- 한국의 현재 언어와 문화상을 반영, 실제적인 대화와 과제로 구성
  Realistic learning tasks and dialogues reflect contemporary Korean language and culture

- 문화 관련 정보를 다양한 매체(웹사이트, 사진, 쇼츠 등)로 QR코드 제공
  Cultural info provided through websites, photographs, and short videos available via QR code

 ### 교사 편의성 Great for Teachers

- 교실에서 활용할 수 있는 다양한 게임, <과제> 활동에 대한 단계적이고 상세한 설명
  Step-by-step instructions provided for a range of classroom-friendly games and activities

- 서강대학교 한국어교육원에서 현재 사용하는 다양한 대화 활동을 부록에 수록(교사용)
  Appendix (for teachers) includes various dialogue activities currently in used at Sogang

---

서강대학교 한국어교육원

14710

9 791167 481535
ISBN 979-11-6748-153-5
ISBN 979-11-6748-152-8 (세트)

값28,000원 문법 · 단어 참고서 포함